CINCO MINUTOS COM DEUS
e
Dom Helder Camara

CINCO MINUTOS COM DEUS
e
Dom Helder Camara

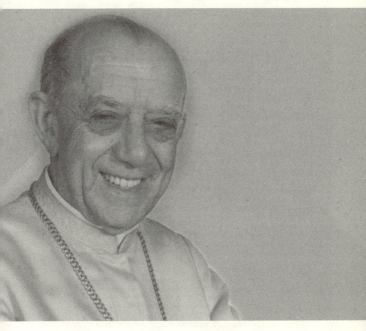

Marcos Antonio, CRL (org.)

Dados Internacionais de Catalogação na Publicação (CIP)
(Câmara Brasileira do Livro, SP, Brasil)

Cinco minutos com Deus e Dom Hélder Câmara / Marcos Antonio, (org.). -- São Paulo : Paulinas, 2018. -- (Coleção cinco minutos com Deus)

ISBN 978-85-356-4471-5

1. Câmara, Hélder, 1909-1999 2. Igreja Católica - Bispos 3. Meditações 4. Vida cristã 5. Vida espiritual I. Santos, Marcos Antonio dos. II. Série.

18-20777	CDD-262.122

Índice para catálogo sistemático:

1. Arcebispos : Igreja Católica : Meditações   262.122

Maria Paula C. Riyuzo - Bibliotecária - CRB-8/7639

1ª edição – 2018
1ª reimpressão – 2022

Direção-geral: *Flávia Reginatto*
Editora responsável: *Andréia Schweitzer*
Copidesque: *Ana Cecilia Mari*
Coordenação de revisão: *Marina Mendonça*
Revisão: *Sandra Sinzato*
Gerente de produção: *Felício Calegaro Neto*
Projeto gráfico: *Manuel Rebelato Miramontes*
Produção de arte: *Tiago Filu*

Nenhuma parte desta obra poderá ser reproduzida ou transmitida por qualquer forma e/ou quaisquer meios (eletrônico ou mecânico, incluindo fotocópia e gravação) ou arquivada em qualquer sistema ou banco de dados sem permissão escrita da Editora. Direitos reservados.

Paulinas
Rua Dona Inácia Uchoa, 62
04110-020 – São Paulo – SP (Brasil)
Tel.: (11) 2125-3500
http://www.paulinas.com.br – editora@paulinas.com.br
Telemarketing e SAC: 0800-7010081
© Pia Sociedade Filhas de São Paulo – São Paulo, 2018

Introdução

Encontramos muitas vezes pessoas que nos desinstalam, nos instigam a percorrer caminhos novos, a contemplar novos horizontes, a fazer percursos desafiadores, a percorrer trajetos inesperados. Assim é Dom Helder, o "Dom da Paz", alguém que nos leva junto ao peregrinar pelos caminhos inesperados que Deus lhe apresenta. Dom Helder é um companheiro de viagem, de buscas constantes de Deus na vida do mundo, mas sem se distanciar dos grandes problemas e desafios humanos. Pelo contrário, sua busca de Deus é inserida, integrada, encarnada, assumida no cotidiano da vida da Igreja e dos desafios do seu tempo.

Considero Dom Helder um profeta-místico, daquelas horas mais difíceis, das horas em que parece que perdemos as forças, a esperança, a alegria de viver o Evangelho. Sua presença na Igreja, no mundo, foi uma presença de vida e esperança, um sinal a nos indicar que o caminho precisa ser percorrido, mesmo quando nos faltam perspectivas: uma pequena luz acendida, não como um fogo de artifício, mas como uma fogueira acesa em noites escuras. Ele nos diz que é preciso acreditar sempre, que é preciso colocar toda a nossa esperança em Deus, que nos conduz ao longo da história.

Dom Helder nos ajuda a fazer a experiência do silêncio que nos coloca em comunhão com Deus e com todas as criaturas. "Os homens gastam-se tanto em palavras que não podem entender o silêncio de Deus. Não te deixes dilacerar entre o ontem e o amanhã. Viva apenas o hoje de Deus", ou seja, devemos abandonar-nos numa profunda confiança de que a presença de Deus é uma certeza em nossa vida. Dom Helder viveu dessa presença, viveu nessa presença, e sua atuação durante o Concílio Vaticano II, quase despercebida, foi feita antes de tudo de oração, de comunhão com Jesus Cristo, renovada em cada celebração eucarística. Como compreender que esse homem tão simples, humilde, fisicamente frágil, carregava dentro de si uma força capaz de transformar grandes estruturas, fossem elas eclesiais, políticas ou sociais...

Sua presença na dinâmica da vida da Igreja no Brasil, na América Latina e no mundo foi fruto de seu amor incondicional pela Igreja de Jesus Cristo, pela sua vocação assumida no compromisso evangélico. Ele se desdobrou no amor a Deus e aos pobres, como se fosse um único amor. Ele acreditou na força dos pequenos, nas "minorias abraâmicas", como costumava chamar os pequenos, abandonados e excluídos. A defesa que mantinha em favor dessas minorias era fruto do testemunho que dava do Evangelho. Um homem totalmente evangélico, totalmente humano. Um homem que viveu da fé, desta fé feita de esperança. "Quem tem olhos para ver e ouvidos para ouvir descobre sinais de esperança". Meditando com Dom Helder vamos, através da oração, colocar-nos na presença de Deus, a fim de descobrir esses sinais de esperança.

Este livro quer ser um pequeno caminho a ser percorrido com Deus e com Dom Helder, com a certeza de que o Divino Peregrino se interessa por nós, entra em nossa história, conversa conosco e, mesmo que não percebamos sua presença, ele se faz peregrino conosco. O Dom nos convida a nossa Emaús, desafiadora, para abrirmos o nosso coração ao longo do caminho, de modo que, no final, tenhamos coragem de fazer o convite ao Peregrino: "Fica conosco, pois já é tarde e a noite já vem chegando!" (Lc 24,29). Pode ser que a noite já venha chegando, esteja bem perto de nós, e que se aproxime a hora de ficarmos silenciosamente na presença do Cristo, que nos revela sua presença em meio aos desafios da própria vida. Ele parte o pão e nos ajuda abrir os olhos do nosso coração.

Dom Helder nos fala de Deus porque, primeiramente, ele falou com Deus no silêncio que se transforma em prece, suportando pacientemente calúnias e perseguições. Não se compreende Dom Helder sem suas "madrugadas" silenciosas, ousadas, proféticas, místicas, realizadas na presença da Trindade e em comunhão com o Universo. Foi fiel ao lema que escolheu para nortear seu pastoreio: *"In manus tuas"*, e assim viveu, de caminho em caminho, abandonando-se nas mãos de Deus. O abandono em Deus é a certeza de que tudo se transforma, tudo se renova em "vida e santidade", como ele mesmo disse.

Que ele, junto do Pai, nos inspire a ser madrugadores, vigilantes na oração, para nos integrarmos nos grandes planos que Deus reserva para cada um de nós.

Padre Marcos Antonio dos Santos, CRL

Pertence à Ordem dos Cônegos Regulares de Santo Agostinho. Formado em Filosofia e Teologia, com especialização em Teologia Espiritual. Desenvolve formação pastoral na orientação de cursos e retiros. Exerce o ministério presbiteral como pároco na Paróquia São José Operário, na Diocese de Nova Iguaçu (Rio de Janeiro).

1

O caminho da confiança

Agora, pois, filhinhos, permanecei nele. Assim podemos ter plena confiança, quando ele se manifestar, e não seremos vergonhosamente afastados dele, quando da sua vinda.

E já sabeis que ele é justo, sabei também que todo aquele que pratica a justiça nasceu dele (1 João 2,28-29).

Que o Senhor me ajude a contribuir com o que eu tenho de melhor, reconhecendo minha impossibilidade de dar sempre respostas plenamente satisfatórias a todos aqueles que me fazem questionamentos. Espero que algumas das minhas respostas possam pelo menos transmitir minha sinceridade integral, meu íntimo desejo de corresponder à confiança com que sou honrado.

2

Construir a paz

"Deixo-vos a paz, dou-vos a minha paz. Não é à maneira do mundo que a dou. Não se perturbe, nem se atemorize o vosso coração. Ouvistes o que eu vos disse: 'Eu vou, mas voltarei a vós'. Se me amásseis, ficareis alegres porque vou para o Pai, pois o Pai é maior que eu" (João 14,27-28).

Quando fui nomeado arcebispo de Olinda e Recife, em 1964, desde logo compreendi que, na busca por caminhos pacíficos mais eficientes para a modificação das estruturas injustas que asfixiam mais de dois terços da humanidade, naquele que chamamos de *Terceiro Mundo*, era fundamental complementar o trabalho local, com o que pudesse igualmente realizar nos países ricos e industrializados.

3

O Dom dos pobres

"Pois eu estava com fome, e me destes de comer; estava com sede, e me destes de beber; eu era forasteiro, e me recebestes em casa; estava nu e me vestistes; doente, e cuidastes de mim; na prisão, e fostes visitar-me" (Mateus 25,35-36).

Quando o Santo Padre João Paulo II visitou o Brasil e chegou em Recife, homenageou-me com uma frase que vale mais que toda importância cardinalícia. Ele se referiu a mim como "Dom Helder, irmão dos pobres e meu irmão". Foi maravilhoso!

Além disso, não posso e não devo esquecer jamais que já recebi a plenitude dos dons essenciais: ao nascer, *o dom da vida*; ao ser batizado, *o dom da vida eterna*; ao ser crismado, *o dom de conviver com o Espírito Santo e seus sete dons*; depois, as ordens sacerdotais e, mais tarde, o episcopado, a plenitude do sacerdócio!...

4

Uma vocação feito serviço

Jesus, porém, chamou-os e disse: "Sabeis que os chefes das nações as dominam e os grandes fazem sentir seu poder. Entre vós não deverá ser assim. Quem quiser ser o maior entre vós seja aquele que serve, e quem quiser ser o primeiro entre vós, seja vosso escravo. Pois o Filho do Homem não veio para ser servido, mas para servir e dar a vida em resgate por muitos" (Mateus 20,25-28).

A criatura humana pode tornar dignas as mais humildes tarefas que tenha de realizar. Nenhum trabalho é indigno das mãos do homem, mas há alguns que se revestem de importância especial, na medida em que sirvam a terceiros.

Se Deus me desse a graça de nascer cem vezes, e de cem vezes reviver a vida que ele me confiou, cem vezes eu lhe agradeceria por me ter permitido ser padre. Um padre não existe no vazio: ele existe para servir os homens e proclamar a glória de Deus.

Conferindo plenitude ao sacerdócio, o episcopado estimula a servir, com ainda maior vigor, à causa a que nos dedicamos. Esquece-se com frequência do significado real das palavras *ministro* e *ministério*. Um padre e, principalmente, um bispo são *ministros*, e isso quer dizer servidores...

5

Força em meio à fraqueza

O Senhor disse-me: "Basta-te a minha graça; pois é na fraqueza que a força se realiza plenamente". Por isso, de bom grado, me gloriarei das minhas fraquezas, para que a força de Cristo habite em mim; e me comprazo nas fraquezas, nos insultos, nas dificuldades, nas perseguições e nas angústias por causa de Cristo. Pois, quando sou fraco, então sou forte (2 Coríntios 12,9-10).

Deus me dá a firme convicção de que somos todos meros instrumentos em suas mãos. Se soubermos respeitar plenamente nossa liberdade e pudermos tirar proveito de nossas fraquezas – posso mesmo enfatizar: *sobretudo de nossas fraquezas* –, ele nos permitirá realizar verdadeiras maravilhas.

Reconheço que há uma grande distância entre o que acabo de dizer e o que possam ver ou reconhecer aqueles que me ouvem. Mas, para a felicidade de todos nós, há sempre o sopro do Espírito de Deus...

6

Uma comunhão universal

É assim que eu conheço Cristo, a força de sua ressurreição e a comunhão com os seus sofrimentos, tornando-me semelhante a ele na sua morte, para ver se chego até a ressurreição dentre os mortos. Não que eu já não tenha recebido tudo isso, ou já me tenha tornado perfeito. Mas continuo correndo para alcançá-lo, visto que eu mesmo fui alcançado por Jesus Cristo.

Irmãos, eu não julgo já tê-lo alcançado. Uma coisa, porém, faço: esquecendo o que fica para trás, lanço-me para o que está à frente. Lanço-me em direção à meta, para conquistar o prêmio que, do alto, Deus me chama a receber, no Cristo Jesus (Filipenses 3,10-14).

A comunhão que dura o dia inteiro, põe-me em contato íntimo e profundo com todas as criaturas humanas. Rio-me das barreiras de língua, de raça, de crença, de ideologia... A comunhão me solidariza com a Criação inteira. Sou cidadão de Marte e de Saturno, ligado a todas as estrelas, a todas as águas, a todas as pedras, a todas as plantas, a todos os animais. Aos espaços e aos vazios, à luz e à sombra ao ruído e ao silêncio, à virtude e ao pecado! Nenhum limite! Nenhuma restrição. Vou aonde vais no afã de vencer o múltiplo, incorporando-o ao *Um!*

7

A beleza das flores

O justo crescerá como a palmeira, como o cedro do Líbano se elevará; plantados na casa do SENHOR, crescerão nos átrios do nosso Deus. Mesmo na velhice darão frutos, serão cheios de seiva e verdejantes, para anunciar quão reto é o SENHOR: meu rochedo, nele não há injustiça (Salmo 92).

Flores! Que criação maravilhosa de Deus! Dizem que minhas flores preferidas são as rosas, qualquer que seja a cor... Sem dúvida, as rosas me falam muito. Elas são para mim lembranças vivas de Nossa Senhora!

Mas aprecio todas as flores, até as florzinhas humildes do mato, que não foram plantadas por mãos humanas: rebentaram como criação direta de Deus.

Delicio-me, no mês de dezembro, em nossa cidade, com os *flamboyants* e suas inconfundíveis copas vermelhas e as acácias, que se cobrem de ouro. Parece estranho, mas aprecio muito as orquídeas – nem me parecem sofisticadas e ainda menos parasitas.

Tens razão, Nikos Kazantzakis,[1] quando dizes: "Enquanto houver na terra flores, crianças e aves, podemos ter certeza de que a esperança não morreu!".

---

[1] Níkos Kazantzákis (Heraclião, 18/02/1883 – Friburgo em Brisgóvia, 26/10/1957) foi um escritor, poeta e pensador grego, autor do romance Zorba, o Grego, no qual foi baseado o filme homônimo.

8

Caminho de interioridade

Por isso, não desanimamos. Mesmo se o nosso físico vai se arruinando, o nosso interior, pelo contrário, vai se renovando dia a dia. Com efeito, a insignificância de uma tribulação momentânea acarreta para nós um volume incomensurável e eterno de glória. Isso acontece, porque miramos às coisas invisíveis e não às coisas visíveis. Pois o que é visível é passageiro, mas o que é invisível é eterno (2 Coríntios 4,16-18).

Gosto de todos os caminhos, eles convidam a não parar, a sair de si mesmo, a buscar os outros, a partir anunciando a Palavra de Deus... Descobri, de repente, meu encontro especial por este caminho – é um caminho que sobe! É tão importante crescer interiormente, enriquecer-se de alma, subir!

9

Fazer a vontade de Deus

Enquanto isso, os discípulos insistiam com Jesus: "Rabi, come!". Mas ele lhes disse: "Eu tenho um alimento para comer, que vós não conheceis". Os discípulos comentavam entre si: "Será que alguém lhe trouxe alguma coisa para comer?". Jesus lhes disse: "O meu alimento é fazer a vontade daquele que me enviou e levar a termo a sua obra" (João 4,31-34).

Quando me falam de sinfonia, de balé ou de livro, quando me convidam para um programa de televisão ou um congresso ao lado de personalidades importantes, procuro sempre me voltar para o Senhor, num momento em que ninguém possa ouvir nossa conversa, e lhe digo: "Cabe a ti decidir, Senhor, sobre esses projetos de livro, de sinfonia, e agora de balé: se forem apenas para meu prazer pessoal, cartões de visitas de minha celebridade, fácil te será impedir seu progresso. Mas, se puderem contribuir para as marchas de ideias, que não são minhas, mas as que teu Espírito transmite a todos os homens simples e justos, igualmente fácil te será fazer com que se materializem. Aguardo tua decisão!".

10

Uma prece feito música e dança

Aleluia!

Louvai a Deus no seu santuário, louvai-o no firmamento do seu poder.

Louvai-o por suas grandes obras, louvai-o pela sua imensa grandeza.

Louvai-o tocando trombetas, louvai-o com a harpa e cítara; louvai-o com tímpanos e danças, louvai-o nas cordas e nas flautas.

Louvai-o com címbalos sonoros, louvai-o com címbalos retumbantes; todo ser vivo louve o Senhor.

Aleluia! (Salmo 150).

Deus colocou noção de ritmo no interior dos homens, dos animais, das plantas e até mesmo das pedras. Um homem que anda, um pássaro que voa, uma folha que cai, são prenúncios de dança. No coração do átomo e no balé dos astros, o ritmo e a harmonia foram plantados pelo nosso criador e Pai... Escutar música e apreciar a dança equivalem a uma verdadeira prece...

11

Inspirados pela missa

"Em verdade, em verdade, vos digo: não foi Moisés quem vos deu o pão do céu. É meu Pai quem vos dá o verdadeiro pão do céu. Pois o pão de Deus é aquele que desce do céu e dá vida ao mundo". Eles então pediram: "Senhor, dá-nos sempre deste pão!". E Jesus lhes disse: "Eu sou o pão da vida. Quem vem a mim não terá mais fome, e quem crê em mim nunca mais terá sede" (João 6,32-35).

A Santa Missa é tão grande que não a quero misturar com mais nada. Meditem sobre a preocupação dos padres conciliares. Peçam a Deus que vença não a posição de um ou outro, de técnicos, de especialistas, e ainda menos o capricho ou a vaidade de quem quer que seja. Vença o Espírito Santo. Como deseja a missa, hoje, para os homens de hoje? O que há de salvar de comum e invariável em todas as missas e até onde poderão ir as adaptações locais? Que a própria missa nos fale e nos inspire.

12

Nas mãos de Deus

Já era mais ou menos meio-dia, e uma escuridão cobriu a terra até as três da tarde, pois o sol parou de brilhar. O véu do Santuário rasgou-se pelo meio, e Jesus deu um forte grito: "Pai, em tuas mãos entrego o meu espírito". Dizendo isto, expirou. O centurião, vendo o que acontecera, glorificou a Deus dizendo: "Realmente! Este homem era justo!" (Lucas 23,44-47).

In manus tuas. Só tu e mais ninguém me poderias soprar lema tão feliz, que resume, a cada instante, minha miséria total e minha riqueza em tuas mãos. Nada peço e nada recuso. Não ouso e nada temo, decides por mim. Ages por mim.

13

O louvor das rosas ao Criador

Olhai os pássaros do céu: não semeiam, não colhem, nem guardam em celeiros. No entanto, o vosso Pai celeste os alimenta. Será que vós não valeis mais do que eles? Quem de vós pode, com sua preocupação, acrescentar um só dia à duração de sua vida? E por que ficar tão preocupados com a roupa? Olhai os lírios do campo. Não trabalham, nem fiam. No entanto, eu vos digo, nem Salomão, em toda a sua glória, jamais se vestiu com um só dentre eles (Mateus 6,26-29).

As rosas, que enchem de perfume e de beleza o instante efêmero de passagem pela vida, rendem ao Deus eterno o louvor humilde e silencioso que eu desejaria prestar no exílio, meu grande Deus.

14

Escutar o silêncio

Glória seja dada àquele que tem o poder de vos confirmar na fidelidade ao meu Evangelho e à pregação de Jesus Cristo, de acordo com a revelação do mistério mantido em sigilo desde sempre. Agora este mistério foi manifestado e, mediante as Escrituras proféticas, conforme determinação do Deus eterno, foi levado ao conhecimento de todas as nações, para trazê-las à obediência da fé. A Deus, único sábio, por meio de Jesus Cristo, a glória, pelos séculos dos séculos. Amém! (Romanos 16,25-27).

Teste de todos os testes para superar o egoísmo é escapar do rodopio da vida, da trepidação enervante do correr do dia, do tumulto externo e do vozerio interior; é ser capaz de ouvir o silêncio, o que é esplêndida ocasião de unir o próprio... Quem ouve o silêncio, vê crescer em si o serviço ao próximo, a fé, a esperança e o amor... Quem ouve o silêncio, encontra o melhor dos amigos, o grande Comunicador, o jovem perene, Mestre da participação: Jesus Cristo.

15

Minha vida oferecida

Quanto a mim, já estou sendo oferecido em libação, pois chegou o tempo da minha partida. Combati o bom combate, terminei a corrida, guardei a fé. Desde agora, está reservada para mim a coroa da justiça que o Senhor, o juiz, me dará naquele dia, não somente a mim, mas a todos os que tiverem esperado com amor a sua manifestação (2 Timóteo 4,6-8).

Falta a pátena? Mas não tenho as duas mãos? Faltam hóstias? E as oferendas invisíveis que os olhos e os ouvidos, a imaginação e o coração colhem sem cessar?... E nós mesmos, somos ou não parte integrante do ofertório?... Falta o vinho? Mas por que não derramar no cálice um pouco do imenso sofrimento dos homens meus irmãos?!...

16

Esperança na criatura humana

Quando o Senhor Deus fez a terra e o céu, ainda não havia nenhum arbusto do campo sobre a terra e ainda não tinha brotado a vegetação, porque o Senhor Deus não tinha enviado chuva sobre a terra, e não havia ninguém para cultivar o solo. Mas brotava da terra uma fonte, que lhe regava toda superfície. Então o Senhor Deus formou o ser humano com o pó do solo, soprou-lhe nas narinas o sopro da vida, e ele tornou-se um ser vivente (Gênesis 2,4-6).

Se não crês no homem, se não descobres o cocriador incumbido pelo Pai de dominar a natureza a completar a Criação, se desconfias de tudo e de todos, e não tens esperança e te falta amor, cairás na solidão e acabarás escutando apenas o eco da tua própria voz.

17

Um grito pelo humano

Ao ser informado da morte de João, Jesus partiu daí e foi, de barco, para um lugar deserto, a sós. Quando as multidões o souberam, saíram das cidades e o seguiram a pé. Ao sair do barco, Jesus viu uma grande multidão, Encheu-se de compaixão e curou os que estavam doentes. Ao entardecer, os discípulos aproximaram-se dele e disseram: "Este lugar é deserto e a hora está adiantada. Despede as multidões para que possam ir aos povoados comprar comida!". Jesus porém lhes disse: "Eles não precisam ir embora. Vós mesmos dai-lhes de comer!". Os discípulos responderam: "Só temos aqui cinco pães e dois peixes". Ele disse: "Trazei-os aqui" (Mateus 14,13-18).

Dois mil anos depois do nascimento do Cristo, mais de dois terços da humanidade se encontram em situação desumana de miséria e de fome. Mais de dois terços dos filhos de Deus vivem em condições de animais. Uma criatura humana condenada a uma situação subumana de animal – boi ou asno – mergulhado na lama.

18

Em busca da verdadeira paz

"Deixo-vos a paz, dou-vos a minha paz. Não é à maneira do mundo que a dou. Não se perturbe, nem se atemorize o vosso coração. Ouvistes o que vos disse: 'Eu vou, mas voltarei a vós'. Se me amásseis, ficaríeis alegres porque vou para o Pai, pois o Pai é maior do que eu" (João 14,27-28).

Quem vê um pântano à luz da lua, pode enganar-se: aquela lhe parecerá uma visão de paz. Mas, por baixo, não passa de podridão e lama em fermentação. Nós não queremos a paz dos pântanos, a paz enganadora que esconde injustiças e podridões.

19

Na escola dos pobres

Vendo as multidões, Jesus subiu à montanha e sentou-se. Os discípulos aproximaram-se, e ele começou a ensinar:

Felizes os pobres no espírito, porque deles é o Reino dos Céus.

Felizes os que choram, porque serão consolados.

Felizes os mansos, porque receberão a terra em herança.

Felizes os que têm fome e sede de justiça, porque serão saciados.

Felizes os misericordiosos, porque alcançarão misericórdia.

Felizes, os puros no coração, porque verão a Deus.

Felizes os que promovem a paz, porque serão chamados filhos de Deus.

Felizes os perseguidos por causa da justiça, porque deles é o Reino dos Céus.

Felizes sois vós, quando vos injuriarem e perseguirem e, mentindo, disserem todo mal contra vós por causa de mim. Alegrai-vos e exultai, porque é grande a vossa recompensa nos céus. Pois foi deste modo que perseguiram os profetas que vieram antes de vós (Mateus 5,1-12).

Não é com os pobres que cabe partilhar minha esperança: antes, é a mim que cabe partilhar a deles. Aprendi muito com aqueles a quem chamam de pobres e que, no entanto, são ricos do Espírito do Senhor.

20

O rosto desfigurado de Cristo

Quem vai acreditar na notícia que trazemos? A quem relatar o poder do Senhor? Crescia diante dele como um broto, qual raiz que nasce da terra seca: não fazia vista, nem tinha beleza a atrair o olhar, não tinha aparência que agradasse. Era o mais desprezado e abandonado de todos, homem do sofrimento, experimentado na dor, indivíduo de quem a gente desvia o olhar, repelente, dele nem tomamos conhecimento. Eram na verdade os nossos sofrimentos que ele carregava, eram as nossas dores que ele levava às costas. E a gente achava que ele era um castigado, alguém por Deus ferido e massacrado. Mas estava sendo transpassado por causa de nossas rebeldias, estava sendo esmagado por nossos pecados. O castigo que teríamos de pagar caiu sobre ele, com os seus ferimentos veio a cura para nós (Isaías 53,1-5).

No calvário, não era fácil reconhecer o Senhor Jesus num semblante coberto de escarros, suor, poeira, sofrimento. Dizia o profeta: "Parece um verme esmagado". Um verme. E, no entanto, era o Cristo.

21

Banquete dos pobres

... *"Sai depressa pelas praças e ruas da cidade. Traze para cá os pobres, os aleijados, os cegos e os coxos". E quando o servo comunicou: "Senhor, o que mandaste fazer foi feito, e ainda há lugar", o senhor ordenou ao servo: "Sai pelas estradas e pelos cercados, e obriga as pessoas a entrar, para que a minha casa fique cheia. Pois eu vos digo: nenhum daqueles que foram convidados provará do meu banquete" (Lucas 14,21-24).*

Há uma Eucaristia do santo sacramento: a presença viva do Corpo, sob a aparência do pão e do vinho. Há também a outra Eucaristia, a encarnação do pobre – aparência de miséria? Realidade do Cristo.

22

A força da não violência

"Fogo eu vim lançar sobre a terra, e como gostaria que estivesse aceso! Um batismo eu devo receber, e como estou ansioso até que isto se cumpra!" (cf. Lucas 12,29-50).

É mais fácil estar no ódio do que na bondade. Somente os fortes – fortes pela graça do Senhor – podem manter-se verdadeiramente na bondade. É curioso como os poderosos da terra temem a bondade...

23

Um mundo para todos

A multidão dos fiéis era um só coração e uma só alma. Ninguém considerava suas as coisas que possuía, mas tudo entre eles era posto em comum. Com grande poder, os apóstolos davam testemunho da ressurreição do Senhor Jesus, e sobre todos eles multiplicava-se a graça de Deus. Entre eles ninguém passava necessidade, pois aqueles que possuíam terras ou casas as vendiam, traziam o dinheiro e o depositavam aos pés dos apóstolos. Depois, era distribuído conforme a necessidade de cada um (Atos dos Apóstolos 4,32-35).

A propriedade é o maior dogma para os nossos bons cristãos, mais importante que a Santíssima Trindade, que a encarnação do Verbo: propriedade privada!... Propriedade privada que é propriedade privante...

24

Educar para a mansidão e a paz

Finalmente, sede todos unânimes, compassivos, fraternos, misericordiosos e humildes. Não pagueis o mal com o mal, nem ofensa com ofensa. Ao contrário, abençoai, porque para isto fostes chamados: para serdes herdeiros da bênção: "De fato, quem quer amar a vida e ver dias felizes, guarde a sua língua do mal e seus lábios de falar mentira. Afaste-se do mal e faça o bem, busque a paz e vá ao seu encalço. Pois os olhos do Senhor estão sobre os justos e seus ouvidos estão atentos à sua prece, mas a face do Senhor volta-se contra os malfeitores" (1 Pedro 2,8-12).

Eu não digo que a doçura, a bondade, a mansidão tudo consigam. Mas, parece-me evidente que não se pode obter pela violência o que se pode conseguir pela doçura, bondade, mansidão. Bem o sabem, por exemplo, aqueles pais que veem o que ajuda seus filhos a crescerem...

Eu acuso os verdadeiros fautores da violência, todos aqueles, de direita e de esquerda, que ferem a justiça e impedem a paz.

25

Sonhar em mutirão

Não tenhas medo pequeno rebanho, pois foi do agrado do vosso Pai dar a vós o Reino. Vendei vossos bens e dai esmola. Fazei para vós bolsas que não se estraguem, um tesouro no céu que não se acabe; ali o ladrão não chega nem a traça corrói. Pois onde estiver vosso tesouro aí está o vosso coração (Lucas 12,32-34).

Não se deve temer a utopia. Agrada-me dizer e repetir: quando se sonha só, é um simples sonho, quando muitos sonham o mesmo sonho, já é realidade. A utopia partilhada é a mola da história.

26

A prática evangélica

Jesus voltou para a Galileia, com a força do Espírito, e sua fama se espalhou por toda a região. Ele ensinava nas sinagogas deles e todos o elogiavam.

Foi então a Nazaré, onde se tinha criado. Conforme seu costume, no dia de sábado, foi à sinagoga e levantou-se para fazer a leitura. Deram-lhe o livro do profeta Isaías. Abrindo o livro, encontrou o lugar onde está escrito: "O Espírito do Senhor está sobre mim, pois ele me ungiu, para anunciar a Boa-Nova aos pobres: enviou-me para proclamar a libertação aos presos e, aos cegos, a recuperação da vista; para dar liberdade aos oprimidos e para proclamar um ano aceito da parte do Senhor" (Lucas 4,14-19).

Por que se fala sempre de prática religiosa e nunca de prática evangélica, feita de amor e de coragem, de serviço aos outros? É tarefa das comunidades cristãs fazer com que andem juntas prática evangélica e prática religiosa, até se tornarem uma só coisa, como na tarde da Quinta-feira Santa.

27

Mergulharmos em Deus

Perseverai na oração, mantendo-vos, por ela, vigilantes na ação de graças. Ao mesmo tempo, orai também por nós, pedindo a Deus que abra uma porta para a nossa pregação, a fim de podermos anunciar o mistério de Cristo. Por causa dele, aliás, fui lançado na prisão. Obtende-me que eu o manifeste, falando dele como devo (Colossenses 4,2-4).

Se Deus é verdadeiramente Deus e verdadeiramente Pai, que necessidade tem de nossas preces? Não é porque rezamos menos que ele será menos Deus, menos Pai, menos perfeito! Nós é que temos necessidade de rezar, porque, se não mergulharmos no Senhor, esqueceremos nosso próximo e nos tornaremos então tão inumanos...

28

Por uma Igreja mais humana

"Vós sois o sal da terra. Ora, se o sal perde seu sabor, com que se salgará? Não servirá para mais nada, senão para ser jogado fora e pisado pelas pessoas.

Vós sois a luz do mundo. Uma cidade construída sobre a montanha não fica escondida. Não se acende uma lâmpada para colocá-la debaixo de uma caixa, mas sim no candelabro, onde ela brilha para todos os que estão em casa. Assim também brilhe a vossa luz diante das pessoas, para que vejam as vossas boas obras e louvem o vosso Pai que está nos céus" (Mateus 5,13-16).

A experiência pessoal me permite dizer que há uma crise de autoridade, sobretudo quando as autoridades não têm coragem de aceitar as consequências das opções que estudaram, deliberaram, votaram e assinaram.

O moralismo e o juridicismo fizeram muito mal à Igreja. São gravemente responsáveis pela partida de muitos, pela indiferença de um número ainda maior de outros, e pela falta de interesse dos que poderiam olhar a Igreja com simpatia, mas são tomados de desânimo diante do nosso farisaísmo.

29

Jesus, a porta por onde a Igreja passa

Jesus então disse: "Em verdade, em verdade, vos digo: eu sou a porta das ovelhas. Todos aqueles que vieram antes de mim são ladrões e assaltantes, mas as ovelhas não os escutaram. Eu sou a porta. Quem entrar por mim será salvo; poderá entrar e sair, e encontrará pastagem. O ladrão vem só roubar, matar e destruir. Eu vim para que tenham vida, e a tenham em abundância" (João 10,7-10).

Jesus diz que é a porta do aprisco, do cercado. Então, por que temos a tão frequente tentação de sermos nós mesmos a porta? É preciso que se passe por nossa porta, nossas definições, nossa maneira de falar! Mas, não! Cristo basta! Basta uma porta, Cristo!

Ah! Quando ajudaremos a Igreja de Cristo a libertar-se... Pois, para ajudar na libertação do mundo, é preciso ajudar a libertar o Papa, a libertar os bispos, a libertar os cristãos...

30

Acreditar na força da juventude

Nos últimos dias, diz o Senhor, derramarei meu Espírito, sobre toda a carne, os vossos filhos e filhas profetizarão, os vossos jovens terão visões e vossos anciãos terão sonhos; mesmo sobre meus escravos e escravas derramarei meu Espírito, naqueles dias, e profetizarão (Atos dos Apóstolos 2,17-18).

Demos à juventude, enquanto é tempo, um crédito de confiança, corajoso e ilimitado. Os jovens não aceitam uma confiança pela metade. Enfim, meus irmãos adultos: os jovens são ou não são vossos filhos? No dia em que a juventude for comedida, prudente e fria como a velhice, o país morrerá de tédio.

É preciso deixar os jovens serem jovens. Eles estão a caminho do futuro. Deus ama os jovens. Jesus comparava o Reino a um grão minúsculo e perdido... E não esqueçam: acreditar no homem não é um erro nem um pecado. Deus também acredita no homem.

A pior coisa que se possa fazer aos jovens, é tirar-lhes as razões de esperar. Tende coragem de lutar para que estas lhes sejam restituídas. E não somente de lutar: mas de sacrificar a vida, se necessário for!

31

Uma Igreja servidora

Alegro-me nos sofrimentos que tenho suportado por vós e completo, na minha carne, o que falta às tribulações de Cristo em favor do seu Corpo que é a Igreja. Dela eu me fiz ministro, exercendo a função que Deus me confiou a vosso respeito: a de fazer chegar até vós a Palavra de Deus, mistério que ele manteve escondido desde séculos e por inúmeras gerações e que, agora, acaba de manifestar aos seus santos. A eles Deus quis revelar a riqueza da glória deste mistério entre os pagãos: Cristo no meio de vós, a esperança da glória (Colossenses 1,24-27).

Se não estou enganado, nós, homens de Igreja, deveríamos realizar dentro dela aquela mudança que exigimos da sociedade. Nós, os excelentíssimos, estamos necessitando de uma excelentíssima reforma! Basta de uma Igreja que quer ser servida; que exige ser sempre a primeira; que não tem o realismo e a humildade de aceitar a condição do pluralismo religioso...

32

Amados pelo mesmo Deus

Deus é amor: quem permanece no amor permanece em Deus, e Deus permanece nele. Nisto se realiza plenamente o seu amor para conosco: em que tenhamos firme confiança no dia do julgamento; pois assim como é Jesus, somos também nós neste mundo. No amor não há medo. Pelo contrário, o perfeito amor lança fora o medo, pois o medo implica castigo, e aquele que tem medo não chegou à perfeição do amor. Nós amamos, porque ele nos amou primeiro. Se alguém disser: "Amo a Deus", mas odeia o seu irmão, é mentiroso; pois não ama o seu irmão, a quem vê, não poderá amar a Deus, a quem não vê. E este é o mandamento que dele recebemos: quem ama a Deus, ame também seu irmão (1 João 4,16-21).

Os que não creem têm em comum com os que creem que o Senhor acredita neles. Muitos cristãos, muitos católicos terão surpresa ao constatar que não serão eles os únicos convidados a entrar na casa do Pai... Pois o coração do Pai é muito maior do que os registros de todas as paróquias do mundo, e o Espírito Santo sopra em todas as direções, mesmo aquelas onde os pés dos missionários não tenham ainda pousado...

Vocês sabem, não existe um pensamento humano que não contenha uma parte ao menos da verdade, uma parcela do pensamento do Criador. Não. A partilha da esperança não exige a partilha da fé. Simplesmente, os crentes têm mais responsabilidade.

33

Nos braços do Pai

Que diremos? "Vamos permanecer no pecado para que a graça aumente"? De modo algum. Nós que já morremos para o pecado, como vamos continuar vivendo nele? Acaso ignorais que todos nós, batizados no Cristo Jesus, é na sua morte que fomos batizados? Pelo batismo fomos sepultados com ele na morte, para que, como Cristo foi ressuscitado dos mortos pela ação gloriosa do Pai, assim também nós vivamos uma vida nova. Pois, se fomos, de certo modo, identificados a ele por uma morte semelhante a sua, seremos semelhantes a ele também pela ressurreição. Sabemos que o nosso homem velho foi crucificado com Cristo, para que seja destruído o corpo sujeito ao pecado, de maneira a não mais servirmos ao pecado. Pois aquele que morreu está livre do pecado (Romanos 6,1-7).

Digo a vocês: o ideal é ter as mãos de Marta e o coração de Maria. E também: o importante não é fazer o impossível para parar o tempo, mas aproveitar o tempo para transformá-lo em eternidade. E mais: gostaria de ser uma simples poça d'água para refletir o céu. E por fim: como chegará minha irmã morte? A ideia que mais me custa aceitar, mas que aceito, é a de que meu corpo sobreviva a meu espírito... Mesmo esta maneira de terminar os meus dias, de antemão, a aceito...

34

Embarcar na aventura de Deus

É pela graça que fostes salvos, mediante a fé. Isso não vem de vós: é dom de Deus! Não vem das obras, de modo que ninguém pode gloriar-se. Pois foi Deus que nos fez, criando-nos no Cristo Jesus, em vista das boas obras que preparou de antemão para que nós as pratiquemos (Efésios 2,8-10).

O Senhor colocou no meu caminho homens e mulheres que eram o testemunho vivo de sua existência e de seu amor, a começar por meus próprios pais. Por estranho que seja, meu pai não era um católico praticante, mas tanto ele quanto minha mãe me permitiram estar sempre atento aos desígnios que o Senhor pudesse ter quanto a mim, tanto assim que eu era ainda muito jovem quando me veio o desejo de ser padre. Nunca me passou pela cabeça a ideia de ser bispo. Foi um cardeal, e por coincidência francês, o Cardeal Gerlier, quem me sugeriu certo dia, em nome do Senhor, que colocasse a serviço dos pobres os dons que Deus me havia confiado. E, quando embarcamos apaixonadamente na aventura que o Senhor indica, tudo pode acontecer, inclusive aquilo que não se espera ou deseja, como ser bispo, por exemplo...

35

Viver a unidade com Cristo

A fé é a certeza daquilo que ainda se espera, a demonstração de realidades que não se veem. Por ela, os antigos receberam um bom testemunho de Deus.

Pela fé compreendemos que o universo foi organizado pela Palavra de Deus, de sorte que as coisas visíveis provêm daquilo que não se vê.

Pela fé, Abel ofereceu a Deus um sacrifício melhor que o de Caim; graças a ela, recebeu testemunho de ser justo, pois Deus atestou o valor de suas oferendas; e graças a ela, mesmo depois de morto, Abel ainda fala.
(Hebreus 11,1-4).

O Senhor conhece perfeitamente bem as minhas fraquezas. Ele teve sempre a generosidade de me proteger da mais cortante das dúvidas, que seria a de não ter fé em sua existência, em sua presença entre nós. Por isso, quando temos o privilégio de crer com absoluta convicção que o Senhor está conosco, sempre, não apenas ao meu lado, *mas dentro de nós*, assim como quando vivemos e experimentamos a unidade no Cristo após o Batismo, a força e a coragem do próprio Senhor se reproduzem em nosso ânimo. Com ele, aprendemos tudo sobre os desertos, inclusive esta verdade essencial: até os desertos podem ser férteis...

36

Sede de beleza

Cantai ao Senhor, terra inteira. Cantai ao Senhor, bendizei o seu nome, anunciai dia após dia a sua salvação. Entre os povos narrai a sua glória, entre todas as nações dizei seus prodígios, pois o Senhor é grande e digno de todo louvor, terrível acima de todos os deuses.

Todos os deuses das nações são um nada, mas o Senhor fez os céus. Majestade e beleza estão à sua frente, poder e esplendor moram no seu santuário (Salmo 96).

Temos sede de eternidade. O amor verdadeiro nós o queremos para sempre. Nada de amor a conta-gotas, de relógio marcado, de calendário contando dias, meses, anos... O amor só merece este belo nome de amor, quando começa no tempo e mergulha na eternidade.

Temos sede de beleza! O belo, onde quer que se realize – na natureza, na criatura humana, em qualquer das artes –, exerce um fascínio sobre nossa inteligência!

Tudo isso demonstra que passamos pela morte, mas ela apenas nos conduz à vida sem fim!

Tudo isso demonstra que somos criaturas, mas que Deus, nosso criador e Pai, nos deu o privilégio imenso e imerecido de participar da inteligência divina e do poder criador.

Deus nos quis e nos quer como cocriadores, encarregados de dominar a natureza e de completar a Criação com os sentimentos do Criador, criando tudo com amor!

37

Deus se esconde em cada um de nós

O Espírito vem em socorro de nossa fraqueza. Pois não sabemos o que pedir nem como pedir; é o próprio Espírito que intercede em nosso favor, com gemidos inefáveis. [...] Sabemos que tudo contribui para o bem daqueles que amam a Deus, daqueles que são chamados segundo seu desígnio. Pois aos que ele conheceu desde sempre, também os predestinou a se configurarem com a imagem de seu Filho, para que este seja o primogênito numa multidão de irmãos (Romanos 8,26-27).

Ah, as orações... Estão conosco a cada instante de nossa vida! Deus não nos chamou a estar em todos os lugares ao mesmo tempo. Dia e noite, mesmo que não saibamos, estamos mergulhados dentro dele. A cada passo, a cada palavra, a cada sopro de vida, estamos sempre dentro dele.

Da mesma forma, ele quer estar sempre dentro de nós. Como é maravilhoso podermos olhar as belezas que nos cercam e comentá-las [...] com o Senhor que as criou e que está conosco, em todo o tempo. [...]

E que privilégio raro chegarmos à convicção de que Jesus e cada um de nós formamos um todo! É por isso que sempre me agrada poder repetir as belas palavras da prece do Cardeal Newman: "Senhor Jesus, não vos escondais dessa maneira dentro de mim! Olhai através dos meus olhos! Escutai por meio de meus ouvidos! Falai por intermédio de minha boca! Andai com minhas pernas! Senhor, que minha presença humana possa, ainda que de longe, dar uma ideia de vossa divina presença".

38

A comunhão universal na Eucaristia

"Em verdade, em verdade, vos digo: não foi Moisés quem vos deu o pão do céu. É meu Pai quem vos dá o verdadeiro pão do céu. Pois o pão de Deus é aquele que desce do céu e dá vida ao mundo". Eles então pediram: "Senhor, dá-nos sempre desse pão!" Jesus lhes disse: "Eu sou o pão da vida. Quem vem a mim não terá mais fome, e quem crê em mim nunca mais terá sede" (João 6,32-35).

A missa é algo tão elevado, tão relevante, tão profundo, que sua aura domina por inteiro cada dia que passa. Procuremos todos descobrir como cada ação, cada pensamento se transforma em ofertório, como tudo se torna consagração, como tudo equivale a caminho...

Não é necessário esforço maior para darmos a Maria seu verdadeiro lugar em nossa vida: ela é uma criatura, mas uma criatura especial, pois foi escolhida pelo Pai para ser a mãe de seu Filho divino e, igualmente, a mãe de todos e cada um de nós.

E o que dizer dos santos? Eles não são deuses, por certo, mas constituem modelos de vida para todos nós. [...]

As orações são tudo isso, preces feitas sem qualquer sacrifício, num clima de alegria. Constituem auxílio inestimável e têm um poder que não somos capazes de medir. Estabelecem elo indissolúvel com a criação e todas as criaturas de Deus, particularmente com seres humanos...

39

O mistério do viver e morrer

"Não se perturbe o vosso coração! Credes em Deus, crede também em mim. Na casa de meu Pai há muitas moradas. Não fosse assim, eu vos teria dito. Vou preparar um lugar para vós. E depois que eu tiver ido e preparado um lugar para vós, voltarei e vos levarei comigo, a fim de que, onde eu estiver, estejais vós também. E para onde eu vou, conheceis o caminho".

Tomé disse: "Senhor, não sabemos para onde vais. Como podemos conhecer o caminho?". Jesus respondeu: "Eu sou o caminho, a verdade e a vida. Ninguém vai ao Pai senão por mim. Se me conhecestes, conhecereis também o meu Pai. Desde já o conheceis e o tendes visto". Filipe disse: "Senhor, mostra-nos o Pai, isso nos basta" (João 14,1-8).

Aflige-me, sempre mais, o mistério de ver-te, Deus de Amor, Pai e verdadeiro Pai, montar a vida sobre a morte... Ando buscando o dia todo vida que seja vida sem sombra de morte... Mas todos somos... hienas e chacais... Hienas polidas e chacais educados, mas nos alimentamos de cadáveres, e vivemos à custa da morte. Vida é apenas vida. Vida sem sombra de morte, só mesmo no seio santíssimo de tua Trindade bendita!

40

Mãe de todas as raças e de todos os povos

Maria então disse: "A minha alma engrandece o Senhor, e o meu Espírito se alegra em Deus, meu Salvador, porque olhou para a humildade de sua serva. Todas as gerações, de agora em diante, me chamarão feliz, porque o Poderoso fez para mim coisas grandiosas" (Lucas 1,46-49).

Mariama, Nossa Senhora, Mãe de Cristo e Mãe dos homens! Mariama, Mãe dos Homens de todas as raças. De todas as cores, de todos os cantos da terra. Pede ao teu Filho que esta festa não termine aqui, a marcha final vai ser linda de viver.

Mas é importante, Mariama, que a Igreja de teu Filho não fique em palavra, não fique em aplauso. O importante é que a CNBB, a Conferência dos Bispos, embarque de cheio na causa dos negros, como entrou de cheio na Pastoral da Terra e na Pastoral dos Índios. [...]

Mariama, que se acabe, mas se acabe mesmo a maldita fabricação de armas. O mundo precisa fabricar a paz. Basta de injustiça, de uns sem saber o que fazer com tanta terra e milhões sem um palmo de terra onde morar. [...] Basta de uns com empresas se derramando pelo mundo inteiro e milhões sem um canto onde ganhar o pão de cada dia.

Mariama, Nossa Senhora, Mãe querida, nem precisa ir tão longe, como no teu hino. [...]

Basta de escravos. Um mundo sem senhor e sem escravos. Um mundo de irmãos. De irmãos não só de nome e de mentira. De irmãos de verdade, Mariama.

41

O ofertório

Sede, pois, imitadores de Deus como filhos queridos. Vivei no amor, como Cristo também nos amou e se entregou a Deus por nós como oferenda e sacrifício de suave odor (Efésios 5,1-2).

O ofertório que dura o dia inteiro, põe diante de ti o que os meus olhos veem, os meus ouvidos escutam, a minha imaginação advinha. O ofertório vai mais longe: mergulha sons adentro e traz à tona o subconsciente e o inconsciente que residem em mim e nos homens, nossos irmãos... E, quando estou desperto, rompem-se os limites do espaço e do tempo. Recuo ao antes-do-antes e avanço ao depois-do-depois. Delicio-me chegando sem nave espacial e sem veste adequada aos mundos dos mundos... Só assim me sinto um com teu Filho, ministro da tua criação.

42

A consagração

Temos pois, irmãos, a ousadia de entrar no Santuário, pelo sangue de Jesus: pelo caminho novo e vivo que ele inaugurou para nós, passando através da cortina, quer dizer, através de sua humanidade. Temos um grande sacerdote que está à frente da casa de Deus. Aproximemo-nos, portanto, de coração sincero e cheio de fé, com o coração purificado de toda a má consciência e o corpo lavado com água pura. Continuemos a afirmar a nossa esperança, sem esmorecer, pois aquele que fez a promessa é fiel. Estejamos atentos uns aos outros, para nos incentivar ao amor fraterno e às boas obras (Hebreus 10,19-24).

A consagração que dura todo dia me lembra como é vivo e santo o que sai de tuas mãos. Tudo! E olho em volta feliz, descobrindo tanta beleza e integrando-me no louvor de tudo que ocupou teu pensamento divino e participa da tua vida e de tua santidade: as vivas e santas estrelas que contemplo ao longe, mas, também, a terra que piso, o ar que respiro, a luz que me envolve! Nem faço distinção entre o que vem direto de ti ou o que nos chega através do homem, cocriador...

43

Na escuta do teu silêncio

De madrugada, quando ainda estava escuro, Jesus se levantou e saiu rumo a um lugar deserto. Lá, ele orava. Simão e os que estavam com ele se puseram a procurá-lo. E quando o encontraram, disseram-lhe: "Todos te procuram". Jesus respondeu: "Vamos a outros lugares, nas aldeias da redondeza, a fim de que lá, também, eu proclame a Boa-Nova. Pois foi para isso que eu saí" (Marcos 1,35-38).

Atinge tuas dimensões interiores. Serás muito pobre enquanto não descobrires que não é de olhos abertos que mais podes ver. Serás muito ingênuo enquanto não aprenderes que, de lábios fechados, podes ter silêncios mais ricos que a multidão de palavras. Serás muito inábil enquanto não notares que, de mãos postas, podes agir muito mais do que movimentando as mãos que, sem querer, podem ferir.

44

O ser humano participante da vida divina

Deus disse: "Façamos o ser humano à nossa imagem e segundo nossa semelhança, para que domine sobre os peixes do mar, as aves do céu, os animais domésticos, todos os animais selvagens e todos os animais que se movem pelo chão".

Deus criou o ser humano à sua imagem, à imagem de Deus o criou.

Homem e mulher ele os criou.

E Deus os abençoou e lhes disse: "Sede fecundos e multiplicai-vos, enchei a terra e submetei-a! Dominai sobre os peixes do mar, as aves do céu e todos os animais que se movem pelo chão" (Gênesis 1,26-28).

Deus, em sua sabedoria infinita, teve por certo a noção de que, sendo a perfeição suprema, não poderia criar senão o finito, o torto, o imperfeito; apesar disso, decidiu criar, e sua criação será para sempre o grande testemunho de sua audácia e sua humildade.

O cúmulo da audácia e da humildade do Criador foi primeiramente o de tomar uma de suas criaturas, o ser humano, como um companheiro na empreitada, participando de sua inteligência e de seu poder nas tarefas de dominar a natureza e completar a Criação.

45

A calamidade do egoísmo

Este é o meu mandamento: amai-vos uns aos outros, assim como eu vos amei. Ninguém tem maior amor do que aquele que dá a vida por seus amigos. Vós sois meus amigos, se fizerdes o que eu vos mando. Já não vos chamo servos, porque o servo não sabe o que faz o seu Senhor. Eu vos chamo amigos, porque vos dei a conhecer tudo o que ouvi do meu Pai. Não fostes vós que me escolhestes; fui eu que vos escolhi e vos designei, para dardes fruto e para que o vosso fruto permaneça. Assim, tudo o que pedirdes ao Pai, em meu nome, ele vós dará (João 15,12-16).

É lamentável que o homem tenha utilizado seus dons divinos – a inteligência e a liberdade – para descumprir os dois grandes mandamentos, o amor a Deus e o amor ao seu semelhante. Não nos esqueçamos, porém, de que Deus não criou o *pecador*: ele criou o *homem*, e o homem é que comete o pecado.

Por que é que Deus não impede o homem de cometer o pecado? Precisamente porque ele não age como os homens, que só admitem a liberdade desde que sua vontade seja plenamente respeitada.

Felizmente para nós, Deus nos conhece melhor do que nós conhecemos a nós mesmos. Ele sabe, por isso, que há muito mais falibilidade e fraqueza entre os homens do que maldade.

A Bíblia, que contém as palavras do Senhor, nos ensina a dizer: "Senhor, sois justo e por isso nos beneficiareis de vossa misericórdia!". Ele bem sabe que não nos submetemos à justiça divina, mas confiamos em sua bondade, sua misericórdia...

46

O mistério do sofrimento humano

"Em verdade, em verdade vos digo: chorareis e lamentareis, mas o mundo se alegrará. Ficareis tristes, mas a vossa tristeza se transformará em alegria. A mulher, quando vai dar à luz, fica angustiada, porque chegou a sua hora. Mas depois que a criança nasceu, já não se lembra mais das dores, na alegria de um ser humano ter vindo ao mundo. Também vós agora sentis tristeza. Mas eu vos verei novamente, e o vosso coração se alegrará, e ninguém poderá tirar a vossa alegria" (João 16,20-22).

O sofrimento, a infelicidade "inevitável"... Aprecio muito uma colocação do religioso francês Mosenhor Veuillont, que, ao experimentar ele próprio o sofrimento, recomendou a seus padres que jamais dele falassem sem conhecimento de causa...

Bem sabemos que o Senhor conheceu o sofrimento. Ele foi capaz de chorar. Ele teve de alimentar, curar, consolar. Ele já teve de reconduzir um filho aos braços de seus pais. No entanto, quando a agonia o acometeu, ele próprio não teve dúvida em implorar piedade. Ele jamais nos disse que o sofrimento era bom, necessário ou justo. Jamais nos fez sermões edificantes a respeito disso...

47

Conselhos para o Pai

Bendito seja o Deus e Pai de nosso Senhor Jesus Cristo, que nos abençoou com toda benção espiritual nos céus, em Cristo.

Nele, Deus nos escolheu, antes da fundação do mundo, para sermos santos e íntegros diante dele, no amor.

Conforme o desígnio benevolente de sua vontade, ele nos predestinou à adoção como filhos, por obra de Jesus Cristo, para o louvor de sua graça gloriosa, com que nos agraciou no seu bem-amado.

Nele, e por seu sangue, obtemos a redenção e recebemos o perdão de nossas faltas, segundo a riqueza da graça (Efésios 1,3-7).

Quando teu olhar divino se cansar com a fraqueza humana, retempera-o descobrindo flores dignas do céu contemplando a luz que transfigura a terra; ouvindo a água cantante; vendo as estrelas; assistindo a um pôr do sol... Quem sabe, Senhor, poderias incluir entre cenas repousantes o olhar dos inocentes, o sorriso dos tristes, a oração dos humildes...

48

A Mãe do Divino Amor

Quando Isabel ouviu a saudação de Maria, a criança pulou de alegria em seu ventre, e Isabel ficou repleta do Espírito Santo. Com voz forte, ela exclamou: "Bendita és tu entre as mulheres e bendito é o fruto do teu ventre! Como mereço que a mãe do meu Senhor venha me visitar? Logo que a tua saudação ressoou nos meus ouvidos, o menino pulou de alegria no meu ventre. Feliz aquela que acreditou, pois o que lhe foi dito da parte do Senhor será cumprido!" (Lucas 1,41-45).

Íntima de tudo que é oculto, mas incapaz de provocar segredo, de arrancar confidência, de olhar fora de hora, de pisar leve, quando convém fazer ruído, ou de fazer ruído, quando é preciso vestir-se de sombra e pés de veludo... Sabes tudo porque tudo adivinhas. Mas nada te espanta porque não julgas e recebeste o dom da compreensão total. Silencias quase sempre – falas com os olhos, o riso e as mãos. Triste de quem não souber teu nome e precisar que eu diga que és a Mãe do belo amor.

49

Feitos para sermos peregrinos

Portanto, já não sois estrangeiros nem forasteiros, mas concidadãos dos santos e moradores da casa de Deus. Edificados sobre o alicerce dos apóstolos e dos profetas, tendo como pedra angular o próprio Cristo Jesus. Nele, a construção toda, bem travada, vai crescendo e formando um templo santo no Senhor. Nele, vós também sois juntamente edificados para serdes morada de Deus, no Espírito (Efésios 2,19-22).

Quando teu navio ancorado muito tempo no porto, te deixar a impressão enganosa de ser uma casa, quando teu navio começar a criar raízes na estagnação do cais, faze-te ao largo. É preciso salvar a qualquer preço a alma viajora de teu barco e tua alma de peregrino.

50

A esperança dos que não creem

Jesus disse: "Se podes...? Tudo é possível para quem crê". Imediatamente, o pai do menino exclamou: "Eu creio, mas ajuda-me na minha falta de fé. Vendo Jesus que a multidão se ajuntava ao seu redor, repreendeu o espírito impuro: "Espírito mudo e surdo, eu te ordeno: sai do menino e nunca mais entres nele" (Marcos 9,23-25).

Meus amigos! Desculpem-me se porventura lhes dei a impressão de que apenas os crentes, os cristãos, é que podem trabalhar por um mundo melhor. Não é assim que eu penso, de modo algum!

Quando olho em torno de mim, logo percebo que nem todos os que se dizem crentes têm esperança verdadeira de paz, justiça e felicidade para os homens, para os que vivem neste mundo de riscos e incertezas, até penso que muitos daqueles que em nada creem, que sequer reconhecem a existência de Deus, estão dispostos a participar nos combates da esperança, sem receio de colocar suas próprias vidas em jogo.

Ensinaram-me na juventude que não se é cristão apenas pelo batismo, pela comunhão, pela profissão de fé, pela prática dos sacramentos ou dos mandamentos da Igreja, mas também pela vivência autêntica do que dispõe o Segundo Mandamento: "Amarás teu próximo como a ti mesmo", ainda que – homens ou mulheres que o pratiquem – não percebam que se trata do *segundo* mandamento de Deus, pois ignoram o *primeiro*... A esses seres humanos classificamos como *cristãos pelas atitudes*. O primeiro que conheci, respeitei e amei, foi meu pai.

51

O sopro do Espírito em todas as direções

"Eu não rogo somente por eles, mas também por aqueles que vão crer em mim pela palavra deles. Que todos sejam um, como tu, Pai, estás em mim, e eu em ti. Que eles estejam em nós, a fim de que o mundo creia que tu me enviaste. Eu lhes dei a glória que me deste, para que eles sejam um, como nós somos um: eu neles, e tu em mim, para que sejam perfeitamente unidos, e o mundo conheça que tu me enviaste e os amaste como amaste a mim" (João 17,20-23).

Reprovam-se algumas vezes os cristãos por não amarem e servirem ao homem em si mesmo, mas de o fazerem como um serviço prestado a Deus. No entanto, se o fazem sinceramente, estão honrando a condição humana, mesmo sem se darem conta disso. Da mesma maneira, aqueles que servem e amam ao homem em si mesmo, sem qualquer referência a Deus, estão honrando o nosso Pai se são igualmente sinceros...

Bem imagino a surpresa que muitos terão quando souberem que o Senhor dirá àqueles que sem o conhecerem – ou reconhecerem – viveram a fraternidade universal: "Agradeço-vos por me terdes acolhido, tratado, vestido, alimentado, defendido e amparado contra a injustiça...".

52

A graça de partir, caminhar...

O Senhor disse a Abrão: "Sai da tua terra, do meio de teus parentes, da casa de teu pai, e vai para a terra que eu vou te mostrar. Farei de ti uma grande nação e te abençoarei: engrandecerei o teu nome, de modo que ele se torne uma bênção. Abençoarei os que te abençoarem e amaldiçoarei os que te amaldiçoarem. Em ti serão abençoadas todas as famílias da terra".

Abrão partiu como o Senhor lhe havia dito, e Ló foi com ele. Abrão tinha setenta e cinco anos ao partir de Harã (Gênesis 12,1-5).

Partir é, antes de tudo, sair de si, romper a crosta de egoísmo que tende a aprisionar-nos no próprio eu.

Partir é não rodar, permanentemente, em torno de si, numa atitude de quem, na prática, se constitui o centro do mundo e da vida.

Partir é não rodar apenas em volta dos problemas das instituições a que pertencemos. Por mais importante que elas sejam, maior é a humanidade, a quem nos cabe servir.

Partir, mais do que devorar estradas, cruzar mares ou atingir velocidades supersônicas, é abrir-se aos outros, descobri-los, ir-lhes ao encontro.

Abrir-se às ideias, inclusive contrárias às próprias, demonstra fôlego de bom caminheiro. Feliz de quem entende e vive este pensamento: "Se discordas de mim, tu me enriqueces".

53

A descoberta do essencial

"Quem quiser ser o maior entre vós seja aquele que vos serve, e quem quiser ser o primeiro entre vós, seja vosso escravo. Pois o Filho do Homem não veio para ser servido, mas para servir e dar a vida em resgate por muitos" (Mateus 20,26-28).

O essencial a transmitir é descoberta maravilhosa: em todos os recantos da terra, dentro de todas as raças, todas as línguas, todas as religiões, todas as ideologias, há criaturas que nasceram para dedicar-se, para gastar-se a serviço do próximo, dispostas a não medir sacrifícios para ajudar de verdade e, enfim, para construir um mundo mais justo e mais humano.

São criaturas ligadas ao meio em que se acham inseridas, mas que se sentem membros da família humana, a ponto de encararem, como irmãos e irmãs, homens e mulheres de todas as latitudes e longitudes, de todos os climas, de todos os tamanhos, de todas as cores, de todos os graus de riquezas e de miséria, de todas as diferentes manifestações e culturas...

Tentemos, juntos, com o máximo de boa vontade, atingir o essencial desta mensagem, que só terá êxito se for adotada como própria e traduzida nas próprias categorias e na própria linguagem por todas e cada uma das minorias, cuja vocação é doar-se...

54

Tornarem-se testemunhas com a vida

Caríssimo, desejo que prosperes em tudo e que tua saúde física esteja tão boa quanto a de tua alma. Alegrou-me muito a chegada dos irmãos e o testemunho que deram a respeito da tua verdade, do modo como caminhas na verdade. Para mim não existe alegria maior do que ouvir que meus filhos caminham na verdade (3 João 1,2-4).

Os jovens não exigem tanto assim que lhes falemos da religião. Mas estou seguro de que respeitam enormemente, de que ouvem com atenção todos aqueles que levam uma vida verdadeiramente cristã.

Cara irmã: lembre-se de todas as Madres Teresa, conhecidas ou desconhecidas. Pense no catecismo pelo testemunho da alegria que encontramos nas orações, a serviço dos homens, dos pobres! Os jovens estão sempre com suas antenas ligadas, e sabem muito bem como captar os sinais do amor apaixonado de Deus.

55

Libertadores do mundo

Jesus saiu caminhando, quando veio alguém correndo, caiu de joelhos diante dele e perguntou: "Bom Mestre, que devo fazer para ganhar a vida eterna?" Disse Jesus: "Por que me chamas de bom? Só Deus é bom, e mais ninguém. Conheces os mandamentos: não cometerás homicídio, não cometerás adultério, não roubarás, não levantarás falso testemunho, não prejudicarás ninguém, honra teu pai e tua mãe!" Ele então respondeu: "Mestre, tudo isso eu tenho observado desde minha juventude". Jesus, fitando-o, com amor, lhes disse: "Só te falta uma coisa: vai, vende tudo o que tens, dá o dinheiro aos pobres e terás um tesouro no céu. Depois, vem e segue-me". Ao ouvir isso, ele ficou pesaroso por causa desta palavra e foi embora cheio de tristeza, pois possuía muitos bens (Marcos 10,17-22).

É impossível para mim pensar que a felicidade do Pai seja a infelicidade de seus filhos, pois admitir isso seria injuriar a Deus. É indiscutível que a população da América Latina é muito religiosa, mas é forçoso reconhecer que tal se deve cada vez menos à esperança de merecer uma vida melhor no céu, depois de ter vivido no inferno aqui na terra, e cada vez mais ao reconhecimento de que Cristo vive entre elas para mobilizá-las a participarem de sua luta em favor do aperfeiçoamento da criação, bem como da libertação do mundo. [...]

No entanto, Deus nos preparou para tudo: se jamais nos disse que não deveríamos melhorar o padrão de vida sobre a terra, foi bastante claro ao nos recordar que não o abandonássemos ou esquecêssemos no caminho para o progresso. Pois também nos afirmou que ele está sempre com os pobres, com aqueles que não contam...

56

À Virgem do segredo

Quando os anjos se afastaram deles, para o céu, os pastores disseram uns aos outros: "Vamos a Belém, para ver o que aconteceu, segundo o Senhor comunicou". Foram, pois, às pressas a Belém e encontraram Maria e José, e o recém-nascido deitado na manjedoura. Quando o viram, contaram as palavras que lhes tinham sido ditas a respeito do menino. Todos os que ouviram os pastores ficavam admirados com aquilo que contavam. Maria, porém, guardava todas estas coisas, meditando-as no seu coração (Lucas 2,15-19).

Nem a José falaste do teu mistério, quando era mais que teu dever ou quase dever pô-lo em dia com o segredo que atingia de cheio o nome e a honra de teu esposo e que o humilde carpinteiro merecia ouvir como ninguém... A quem se pode, então, e quando se pode comunicar um segredo do Rei?...

57

Na comunhão com Pedro

Depois disso, Jesus apareceu de novo aos discípulos, à beira do mar de Tiberíades. A aparição foi assim: Estavam juntos Simão Pedro, Tomé, chamado Gêmeo, Natanael, de Caná da Galileia, os filhos de Zebedeu e outros dois discípulos dele. Simão Pedro disse a eles: "Eu vou pescar". Eles disseram: "Nós vamos contigo". Saíram, entraram no barco, mas não pescaram nada naquela noite (João 21,1-3).

Permita-me reafirmar, para começo de conversa, que o Papa é verdadeiramente um irmão para mim. Admiro muito sua paixão por Deus e pelos homens, pela verdade e pela justiça. Sua coragem é extraordinária, e ele me anima com seu exemplo. Ela é uma graça que ele recebeu de Deus.

No entanto, sermos irmãos no Espírito do Senhor e dentro da Igreja que a ambos nos contém, não significa que sejamos exatamente iguais, como gêmeos, mas que temos perfeita noção de que nos devemos ajudar mutuamente em total confiança, para o cumprimento das tarefas que o Senhor nos confiou. A dele, do Papa, é a de ser Pedro, a quem cabe reforçar os princípios da Igreja e conduzi-la. A minha, bispo que sou, é a de ser principalmente Paulo, a quem cabe levar a Pedro os problemas do mundo e da Igreja. Seja com João Paulo II, com Paulo VI ou João XXIII, é extremamente assim que as coisas são, e sempre marcham fraternalmente.

58

Ser tocados pelo mistério

Suponho que ouvistes falar da graça que Deus me concedeu em vista de vós. De fato, foi por revelação que tive conhecimento do mistério, como acima o expus em poucas palavras. Lendo-me, podeis perceber o entendimento que tenho do mistério de Cristo, mistério que não foi manifestado nas gerações passadas. Só ultimamente ele foi revelado pelo Espírito aos seus santos apóstolos e profetas. Eis o mistério: os pagãos são admitidos à mesma herança, são membros do mesmo corpo e beneficiários da mesma promessa, no Cristo Jesus, por meio do Evangelho. Desse Evangelho eu fui feito ministro, pelo dom da graça que Deus me concedeu segundo a força do seu poder (Efésios 3,2-7).

Tudo é tocado de mistério porque tudo vem de tuas mãos ou das mãos do cocriador: o papel que escrevo, a caneta que uso, a mesa em que me acho, os livros que me cercam, a roupa que visto, o ar que respiro, a luz que contemplo, o chão que me sustém. O coração estremece de alegria. Impressão nítida de integração universal.

59

A Mãe consoladora dos aflitos

Junto à cruz de Jesus, estavam de pé sua mãe e a irmã de sua mãe, Maria de Cléofas, e Maria Madalena. Jesus, ao ver sua mãe e, ao lado dela, o discípulo que ele amava, disse à mãe: "Mulher, eis aí o teu filho!". Depois disse ao discípulo: "Eis a tua mãe!". A partir daquela hora, o discípulo a acolheu no que era seu (João 19,25-27).

Rezei um terço estranho, acabei trocando os mistérios, porque os gloriosos me davam a impressão de estar abandonado em meu esmagamento. Fiquei no Santa Maria, porque a parte do anjo era constante como um clarim e meus pobres ouvidos precisavam de som velado de instrumento triste... As nuvens se foram dissipando. Surgiu o sol. Cortei, ao meio, os mistérios de sofrimento, esqueci os pedidos à consolação dos aflitos. Dentro de mim dez harpas tocaram louvores suavíssimos à Rainha dos Anjos, à causa de nossa alegria, à Mãe de Deus.

60

Meu anjo, José

Depois, o diabo levou Jesus a Jerusalém e, colocando-o no ponto mais alto do templo, disse-lhe: "Se és o Filho de Deus, lança-te daqui abaixo. Pois está escrito: 'Ele dará ordens aos seus anjos a teu respeito para que te guardem', e ainda: 'Eles te carregarão nas mãos, para que não torpeces em alguma pedra'".

Jesus, porém, respondeu: "Também foi dito: 'Não porás à prova o Senhor, teu Deus'" (Lucas 4,9-12).

Como eu não sei ainda o nome exato do meu anjo, eu o chamo por um nome que me é muito querido, um nome que minha mãe me dava nas horas em que ela me queria encorajar, sobretudo quando tinha a impressão de que eu estava sofrendo alguma injustiça. Nesse momento, ela dizia: "Coragem, José". Então, enquanto não sei o nome de meu anjo, eu o chamo de José. Somos muitos amigos. Eu só costumo apelar para ele em horas muitos essenciais.

61

Compromisso dos leigos no engajamento político

Como o corpo é um, embora tenha muitos membros, e como todos os membros do corpo, embora sejam muitos, formam um só corpo, assim também acontece com Cristo. De fato, todos nós [...] fomos batizados num só Espírito, para formarmos um só corpo, e todos nós bebemos de um único Espírito. Com efeito, o corpo não é feito de um membro apenas, mas de muitos membros (1 Coríntios 12,12-14).

São Paulo, numa de suas epístolas, utilizou a comparação que os romanos faziam entre a sociedade e o corpo humano: nenhum órgão, nem mesmo a cabeça, pode ter a pretensão de assumir as funções e responsabilidades do todo. [...] Isso vale para a Igreja também. Nela a hierarquia e os leigos se integram num só corpo. Quando a política representa a preocupação com o bem comum, com os direitos humanos, a Igreja por inteiro deve dedicar-se a ela, passando à ação. Mas, se a política significa o engajamento num partido, a hierarquia deve encorajar aqueles que se batem pela existência de partidos, nunca aceitando a ideia de um partido único, auxiliando os leigos a examinar com atenção os diferentes programas partidários, a interrogar seus líderes, a se preparar para o engajamento consciente. No corpo da Igreja, os leigos que o integram não são menos do que a hierarquia, e têm a função especial de participar diretamente dos problemas do mundo.

62

À Mãe das dores

O pai e mãe ficavam admirados com aquilo que diziam do menino. Simeão os abençoou e disse a Maria, a mãe: "Este menino será causa de queda e de reerguimento para muitos em Israel. Ele será um sinal de contradição – uma espada transpassará a tua alma – e assim serão revelados os pensamentos de muitos corações" (Lucas 2,33-35).

Se eu pudesse, no dia feliz de hoje trocaria teu manto roxo por um belo manto azul. Arrancaria a espada de teu peito, enxugaria para sempre as tuas lágrimas e entoaria o *Regina Coeli*, exultando em pleno exílio o triunfo do teu Filho.

Mas eu me reconheço, Mãe, e conheço meus irmãos: não cessaremos desgraçadamente de pecar. Amanhã, terá passado a emoção da Sexta-feira Santa e se esvaído o propósito vago e indiscriminado de conversão.

Continua em tua sina de Mãe. Realiza o teu papel de advogada. Sê o refúgio dos pecadores, a consolação dos aflitos, a Mãe de Misericórdia.

63

Força e fraqueza em tua Igreja

Simão Pedro respondeu: "Tu és o Cristo, o Filho do Deus vivo". Jesus então declarou: "Feliz és tu, Simão, filho de Jonas, porque não foi carne e sangue quem te revelou isso, mas o meu Pai que está no céu. Por isso, eu te digo: tu és Pedro e sobre esta pedra edificarei a minha Igreja, e as forças do Inferno não poderão vencê-la. Eu te darei as chaves do Reino dos Céus: tudo o que ligares na terra será ligado nos céus, e tudo o que desligares na terra será desligado nos céus (Mateus 16,16-19).

Bem sabemos todos que a Igreja não é todo tempo tão bela, tão pura, tão corajosa e sincera como deveria, ou como gostaria de ser. Ao criar sua Igreja, o Senhor não perdeu de vista a falibilidade do homem. Prometeu-lhe, porém, que jamais a abandonaria. É admirável podermos constatar que, a despeito de seus erros e apatias eventuais, a Igreja sempre nos transmite fielmente a Boa-Nova do Pai, que o Filho de Deus veio trazer a seus irmãos. Com a Igreja, vivemos sempre as beatitudes, júbilo do *Magnificat*.

Sou um velho bispo, e não tenho receio em pedir-lhes que jamais se conformem com as fraquezas, os compromissos, ou talvez até mesmo com as traições da Igreja, assim como jamais percam a confiança no Espírito do Senhor, que sempre está dentro dela.

64

O poder revolucionário do amor

Caríssimos, se Deus nos amou assim, nós também devemos amar-nos uns aos outros. Ninguém jamais viu a Deus. Se nos amamos uns aos outros, Deus permanece em nós e seu amor em nós é plenamente realizado. A prova de que permanecemos nele, e ele em nós, é que ele nos deu seu Espírito. E nós vimos, e damos testemunho: o Pai enviou seu Filho como Salvador do mundo. Todo aquele que professa que Jesus é o Filho de Deus, Deus permanece nele, e ele em Deus. E nós, que cremos, reconhecemos o amor que Deus tem para conosco (1 João 4,11-16).

Não podemos ficar tão presos assim às palavras. É possível que muitos não tenham compreendido bem a essência da "teologia da libertação", pois ouviram dizer que ela tinha influência marxista, ou coisa parecida. Mas há também os que a entenderam, adequadamente, como a redescoberta do poder revolucionário do amor de Deus na história dos homens, o que lhes parece muito perigoso. É por isso que se vê tanto debate em torno da "teologia da libertação", embora seja indiscutível que o Cristo queira que todos os homens lutem pela libertação de seus semelhantes. O progresso humano, a campanha contra as injustiças, a conquista da dignidade, são a maneira mais direta de os homens poderem cooperar para a sua própria redenção e salvação, causas pelas quais o Senhor deu sua vida.

65

Acolher o Cristo

Dou sempre graças a meu Deus a vosso respeito, por causa da graça que ele vos concedeu no Cristo Jesus. Nele fostes enriquecidos em tudo, em toda palavra e em todo conhecimento, à medida que o testemunho sobre Cristo se confirmou entre vós. Assim, não tendes falta de nenhum dom, vós que aguardais a revelação de nosso Senhor Jesus Cristo. É ele também que vos confirmará em vosso procedimento irrepreensível até o fim, até o dia de nosso Senhor Jesus Cristo. É fiel o Deus que vos chamou à comunhão com seu Filho, Jesus Cristo, nosso Senhor (1 Coríntios 1,4-9).

Às vezes, durante o dia tenho de atender a quarenta, sessenta, oitenta até cem pessoas. E o que mais dói é que são casos a que você muitas das vezes não tem condição de atender. Quando você pode atender, é tão bom, mas são tão poucos... Mas, cada vez que levo uma pessoa até a porta e volto com outra, quero atender a essa nova pessoa com a mesma atenção, quero ouvi-la, mesmo que já esteja cansado, quero tratar a cada uma como se não tivesse mais nada a fazer, como se tudo fosse apenas aquela criatura. Então, enquanto vou trazendo aquela pessoa, eu brinco com Cristo. Vou dizendo: "Cristo, não te apagues tanto dentro de mim, vê pelos meus olhos, escuta pelos meus ouvidos. Toda atenção, Cristo. Olha pelos meus olhos, escuta bem o que essa pessoa vai dizer e, se possível, fala pelos meus lábios". Então, o que é que acontece? Eu brinco com o Cristo e, no fim do dia, quem está cansado é ele.

66

Oferecer esperança

Assim, pois, justificados pela fé, estamos em paz com Deus, por nosso Senhor Jesus Cristo. Por ele, não só tivemos acesso, pela fé, a esta graça na qual estamos firmes, mas ainda nos ufanamos da esperança da glória de Deus. E não só isso, pois nos ufanamos também de nossas tribulações, sabendo que a tribulação gera constância, a constância leva a uma virtude provada e a virtude provada desabrocha em esperança.

E a esperança não decepciona, porque o amor de Deus foi derramado em nossos corações pelo Espírito que nos foi dado (Romanos 5,1-5).

Seria mais terrível para mim se eu não tivesse a responsabilidade de compartilhar com todos a esperança que o Senhor diariamente me transmite, bem como a que recebo do meu povo e de todos aqueles com os quais me encontro. Eu lhes ofereço apenas o que tenho; perdoem-me por não lhes oferecer o que não tenho: o conhecimento dos meios, que necessariamente variam conforme as circunstâncias, sendo diferentes em cada situação específica para transformar a esperança em realidade palpável. Creio que essa responsabilidade é antes sua do que minha, nas condições em que vivem, assim como me cabe em grande parte na minha diocese.

67

O progresso a serviço da vida

Então, Jesus disse a seus discípulos: "Por isso, eu vos digo: não vivais preocupados com o que comer, quanto à vida; nem com o que vestir, quanto ao corpo. A vida é mais que o alimento, e o corpo, mais do que a roupa. Olhais os corvos: não semeiam nem colhem, não têm celeiro nem despensa. No entanto, Deus os sustenta. Será que vós não valeis mais do que os pássaros? Quem dentre vós pode, com sua preocupação, acrescentar um só dia à duração de sua vida? (Lucas 12,22-25).

Se falo em nome de Deus e dos pobres, é evidente que não posso ser contra o progresso. Quando vejo em torno de mim tudo o que a capacidade inventiva do homem já fabricou para libertar o homem do frio, da fome, da dor, das doenças, dos sofrimentos, da ignorância, da solidão... logo penso: é preciso que continuemos a avançar sempre. Pois todos nós sabemos o quanto ainda há fome, doenças, ignorância e solidão em todo o mundo. Os homens, como cocriadores, ainda têm muito o que fazer para cumprir a missão de melhorar as condições de sobrevivência de toda a humanidade, a qual receberam diretamente do Senhor. Devem continuar sempre a sonhar e a trabalhar para a adequada utilização de todas as riquezas materiais que ele colocou ao seu alcance para servir à vida e, assim, desempenhar seu papel na grande missa da criação: ofertório, consagração, comunhão... De todas as riquezas do universo, da parte já conhecida e da ainda desconhecida, e não apenas as de nosso pequeno planeta. Ah! Quando penso na imensa energia que há nas estrelas, fico logo a imaginar que um dia poderemos aproveitá-la!...

68

Ouvir os passos inquietos

Vós não viveis segundo a carne, mas segundo o Espírito, se realmente o Espírito de Deus mora em vós. Se alguém não tem o Espírito de Cristo, não pertence a Cristo. Se, porém, Cristo está em vós, embora vosso corpo esteja morto por causa do pecado, vosso espírito está cheio de vida, graças à justiça. E, se o Espírito daquele que ressuscitou Cristo dentre os mortos habita em vós, aquele que ressuscitou Cristo dentre os mortos vivificará também vossos corpos mortais, pelo seu Espírito que habita em vós (Romanos 8,9-11).

Põe o ouvido no chão e interpreta os rumores em volta. Predominam passos inquietos e agitados, passos medrosos na sombra, passos de amargura e de revolta... Nem começaram ainda os primeiros passos de esperança. Cola mais teu ouvido à terra. Prende a respiração. Solta as antenas interiores – o Mestre anda circulando. É mais fácil que falte nas horas felizes do que nas horas dos passos incertos e difíceis...

69

A vitória da justiça

Onde há inveja e rivalidade, aí estão as desordens e toda espécie de obras más. A sabedoria, porém, que vem do alto é, antes de tudo, pura, depois pacífica, modesta, conciliadora, cheia de misericórdia e de bons frutos, sem parcialidade e sem fingimento. O fruto da justiça é semeado na paz, para aqueles que promovem a paz (Tiago 3,16-18).

A injustiça é uma só, e indivisível. [É preciso] Atacá-la e obrigá-la a recuar, aqui ou ali, e sempre contribuir para a vitória da justiça entre os homens. E não nos devemos esquecer de que, sendo indiscutivelmente mais insuportáveis a miséria e a exploração no Terceiro Mundo, as raízes profundas do mal se encontram no coração, nos interesses e nas práticas dos países poderosos, com a cumplicidade das classes ricas das nações pobres.

70

Aproximar a humanidade do essencial

Ao anoitecer daquele dia, o primeiro da semana, os discípulos estavam reunidos, com as portas fechadas por medo dos judeus. Jesus entrou e pôs-se no meio deles. Disse: "A paz esteja convosco". Dito isso, mostrou-lhes as mãos e o lado. Os discípulos, então, se alegraram por verem o Senhor. Jesus disse, de novo: "A paz esteja convosco. Como o Pai me enviou também eu vos envio". Então, soprou sobre eles e falou: "Recebei o Espírito Santo. A quem perdoardes os pecados, serão perdoados; a quem os retiverdes, lhes serão retidos" (João 20,19-23).

Tenho fome e sede de paz. Dessa paz do Cristo que se apoia na justiça. Tenho fome e sede de diálogo, e é por isso que eu corro por todos os lados de onde me acenam, à procura do que pode aproximar os homens em nome do essencial... E falar em nome daqueles que são impedidos de fazê-lo.

71

O grito de compaixão

Chegaram a Jericó. Quando Jesus estava saindo da cidade, acompanhavam-no os discípulos e uma grande multidão. O mendigo cego, Bartimeu, filho de Timeu, estava sentado à beira do caminho. Ouvindo que era Jesus Nazareno, começou a gritar: "Jesus, Filho de Davi, tem compaixão de mim". Muitos o repreendiam para que se calasse. Mas ele gritava ainda mais alto: "Filho de Davi, tem compaixão de mim". Jesus parou e disse: "Chamai-o!". Eles o chamaram dizendo: "Coragem, levanta-te! Ele te chama!". O cego jogou o manto fora, deu um pulo e se aproximou de Jesus. Este lhe perguntou: "Que queres que eu te faça?". O cego respondeu: "Rabûni, que eu veja". Jesus disse: "Vai, tua fé te salvou". No mesmo instante, ele recuperou a vista e foi seguindo Jesus pelo caminho (Marcos 10,46-52).

Dois mil anos após o nascimento do Cristo, mais de dois terços da humanidade encontra-se em condições infra-humanas de miséria e de fome. Mais de dois terços dos filhos de Deus vivem em condições subumanas. Vinte por cento da humanidade consome oitenta por cento das riquezas da terra. Oitenta por cento da humanidade deve se contentar com menos de vinte por cento dessas mesmas riquezas...

72

Dar de comer aos pobres

Naqueles dias, desceram alguns profetas de Jerusalém para Antioquia. Um deles, chamado Ágabo, levantou-se e, inspirado pelo Espírito, anunciou que estava para acontecer uma grande fome por toda a terra – como de fato aconteceu no tempo do imperador Cláudio. Os discípulos então decidiram, cada um segundo suas possibilidades, mandar uma ajuda para os irmãos que viviam na Judeia. Assim foi feito. E enviaram a ajuda aos anciãos, por meio de Barnabé e Saulo (Atos dos Apóstolos 11,27-30).

Quando eu dou de comer aos pobres, me chamam de santo. Quando eu pergunto por que eles são pobres, me chamam de comunista. Se política é fazer com que os direitos humanos fundamentais sejam reconhecidos por todos, esta política não é somente um direito, mas um dever da Igreja.

73

Discernimento

Vendo uma grande multidão ao seu redor, Jesus deu ordem de passar para a outra margem do lago. Nisso, um escriba aproximou-se e disse: "Mestre, eu te seguirei aonde fores". Jesus lhe respondeu: "As raposas têm tocas, os pássaros do céu têm ninhos; mas o Filho do Homem não tem onde repousar a cabeça".

Um outro dos discípulos disse a Jesus: "Senhor, permite-me que primeiro eu vá enterrar meu pai". Mas Jesus lhe respondeu: "Segue-me, e deixa que os mortos enterrem os seus mortos" (Mateus 8,18-22).

Tudo é urgente, mas nem todas as pessoas podem atacar alvos ao mesmo tempo. Cabe a cada um saber em sã consciência qual a tarefa para o qual o Senhor o preparou melhor, lhe deu mais capacidade e disposição. Somente os que se interrogam com sinceridade, ouvindo talvez os conselhos dos que os conheçam bem, poderão obter respostas válidas. E, convém acrescentar, tais respostas serão válidas somente para eles mesmos.

74

A beleza do sacerdócio

Ficai de prontidão, com o cinto amarrado e as lâmpadas acesas. Sede como pessoas que estão esperando seu senhor voltar de uma festa de casamento, para lhe abrir a porta, logo que ele chegar e bater.

Felizes os servos que o Senhor encontrar acordados quando chegar. Em verdade, vos digo: ele mesmo vai arregaçar sua veste, os fará sentar à mesa e passará para servi-los. E caso ele chegue pela meia-noite ou já perto da madrugada, felizes serão, se assim os encontrar! (Lucas 12,35-38).

Quando me ordenei sacerdote, a 15 de agosto de 1931, com vinte e dois anos e meio, embora estivesse no Nordeste, no Ceará, em Fortaleza, logo senti que, entendendo o sacerdócio como eu entendia, como um serviço, como dedicação, [...] seria devorado se não tivesse o cuidado de salvar alguns momentos de encontro com Deus na oração. Foi então que passei a explorar uma facilidade que Deus me dá. Há pessoas que, quando acordam à noite, não conseguem mais dormir. [...] Lembro-me de Dom Leme, que se queixava no dia seguinte: "Quando acordo de noite, aquela noite é perdida para mim". Quanto a mim, sempre desperto, em média, às duas horas da manhã (e o curioso é que preciso do despertador, apesar dos tantos anos; mas tenho um voto de obediência: atendo imediatamente ao despertador). Fico acordado cerca de duas horas, estudando, trabalhando, escrevendo, ou simplesmente meditando e rezando e, depois, me deito de novo.

75

Andar dentro de Deus

"Permanecei em mim, e eu permanecerei em vós. Como o ramo não pode dar fruto por si mesmo, se não permanecer na videira, assim também vós não podereis dar fruto se não permanecerdes em mim. Eu sou a videira e vós, os ramos. Aquele que permanece em mim, como eu nele, esse dá muito fruto; pois sem mim, nada podeis fazer. Quem não permanecer em mim será lançado fora, como um ramo, e secará" (João 15,4-6).

A missa é o momento alto do meu dia. Posso ter os encontros mais espetaculares, posso ter conferências a fazer: nada se compara com o momento da missa. Porque – é claro, eu sei – nós estamos mergulhados em Deus o dia inteiro. Em qualquer lugar, em qualquer instante, nós estamos mergulhados em Deus. Nós andamos dentro de Deus, respiramos dentro dele. Temos Deus dentro de nós. E somos um só com o Cristo. Mas, na hora da missa, Cristo vem celebrar. Ele é o verdadeiro celebrante, o verdadeiro sacerdote, o sumo e eterno sacerdote. Estou ali apenas como celebrante visível. Então, é uma alegria imensa chegar com os braços carregados, chegar com os ombros carregados. Quantas vezes, ao começar a missa, eu me lembro – e a gente nesses momentos pode falar sem palavras – e fico pensando: *"Pai, aqui está um digno embaixador da fraqueza humana"*.

76

Entender a fraqueza humana

Pilatos, então, lhes entregou Jesus para ser crucificado. Eles tomaram conta de Jesus. Carregando a sua cruz, ele saiu para o lugar chamado Calvário (em hebraico: Gólgota). Lá, eles o crucificaram com outros dois, um de cada lado, ficando Jesus no meio (João 19,16-18).

É uma coisa maravilhosa o que ocorre quando Cristo no Calvário sofre aquelas injúrias. Porque pior do que a morte foi a ignomínia de deixá-lo despido diante das multidões, escarrar no rosto do Cristo. Olhe que ter visto o Cristo deve ter sido uma coisa impressionante. Cada vez que a gente encontra, assim, um João XXIII, um Roger de Taizé, uma Teresa de Calcutá, a gente sente uma enorme responsabilidade de ter vivido alguns momentos ao lado de criaturas tão grandiosas. Imagino ver a Cristo! Ouvir sermões pregados pelo Cristo, ouvir parábolas contadas por ele! Assistir a milagres e prodígios feitos por ele! Repito, pior do que matar, foi deixarem o Cristo nu, escarrarem no seu rosto. Pois bem, quando a gente pensa que ao menos aqueles que tinham visto o Cristo de perto, que ao menos aqueles que o deixaram nu e escarraram no seu rosto vão ser esmagados, é maravilhoso ouvir o Cristo dizer: "Pai, perdoai-os, eles não sabem o que fazem". Então, cada vez mais me convenço de que no mundo, muito mais do que maldade, existe é fraqueza, pois Cristo só viu naqueles homens fraqueza.

77

O mérito do Pai

Dou continuamente graças ao meu Deus, fazendo menção a ti em minhas orações, pois ouço falar do teu amor e da tua fé, fé no Senhor Jesus e amor para com todos os santos. Que a tua comunhão na fé seja eficaz, fazendo-te conhecer todo o bem que somos capazes de realizar para o Cristo. De fato, tive grande alegria e consolação por causa do teu amor fraterno, pois reconfortaste o coração dos santos, ó irmão (Filêmon 1,4-7).

Tenho sido muito poupado por Deus, nesse sentido Deus me livrou a vida inteira de qualquer gota de rancor contra quem quer que seja. Quer dizer, eu meti na cabeça que Deus é Amor. E é mesmo. E que o ódio é o antideus. E é claro que é, pois o ódio é o antiamor. Eu meti na cabeça inclusive isso: que o inferno é a incapacidade de amar. Então, se tinha assim algum medo na minha vida, esse era o medo do ódio. Se eu queria livrar-me de alguma coisa, era de qualquer sombra de ódio, de tudo o que pareça ódio. Mas, se tenho sido poupado de cair no ódio, acho que em grande parte é proteção divina. Não posso atribuir isso a virtude minha. Deus me dá uma límpida certeza de que é ele, é ele, de forma que seria ridícula qualquer tentativa de pensar que haja virtude minha. Durante certo tempo, eu não falava sobre essas coisas, mas depois verifiquei que é possível falar. Porque é evidente que qualquer mérito está acima de forças humanas, que o mérito é todo do Pai...

78

Tudo vira comunhão

Bendito seja Deus, o Pai de nosso Senhor Jesus Cristo. Em sua grande misericórdia, pela ressurreição de Jesus Cristo dentre os mortos, ele nos fez nascer de novo para uma esperança viva, para uma herança que não se desfaz, não se estraga nem murcha, e que é reservada para vós nos céus. [...] (1 Pedro 1,3-4).

A vigília prepara a missa e a missa depois cobre o dia inteiro – isso é que é o melhor. Porque tudo vira ofertório, tudo vira consagração e tudo vira comunhão: é interessante como o dia inteiro tudo o que os olhos veem, tudo o que os ouvidos escutam, tudo o que a imaginação concebe, tudo o que a inteligência apreende, tudo, tudo, tudo – tudo vira ofertório. As tristezas, as alegrias, as esperanças, os desesperos meus e dos outros, sobretudo dos outros, tudo aquilo imediatamente é oferecido.

Veja bem, não estou dizendo que consigo projetar a missa por todo o meu dia. Há certas graças que são tão grandes que nos livram de saída de qualquer vaidade. Por exemplo, isso de celebrar sempre como se fosse a primeira missa. Eu posso dizer isso, porque só pode ser graça divina. Não é merecimento meu. Isso de a missa acabar cobrindo o dia inteiro é um negócio tão grande, que pensar que isso seja valor meu... só mesmo dando uma risada, não é?

79

Não temer a utopia

"Vós sois a luz do mundo. Uma cidade construída sobre a montanha não fica escondida. Não se acende uma lâmpada para colocá-la debaixo de uma caixa, mas sim no candelabro, onde ela brilha para todos os que estão em casa. Assim também brilhe a vossa luz diante das pessoas, para que vejam as vossas boas obras e louvem o vosso Pai que está nos céus' (Mateus 5,14-16).

Não devemos temer a utopia. Gosto de repetir muitas vezes que, ao sonharmos sozinhos, limitamo-nos ao sonho. Quando sonhamos em grupo, alcançamos imediatamente a realidade. A utopia compartilhada com milhares é o esteio da história.

Também não devemos ter medo de ser apenas uma gota d'água. É a reunião das gotas que põe em movimento os riachos, os rios, os oceanos, e temos que levar em conta o fato de que as nascentes não reúnem um grande número delas.

Não devemos temer por nossa impotência diante da força todo-poderosa dos capitães da indústria, dos financistas e dos governos. Eles passam, e os povos ficam; um dia se darão conta de que não podem ignorar o que verdadeiramente interessa a estes. É óbvio que não podemos esperar tanto dos regimes ditatoriais, o que vale dizer da necessidade de lutar sempre contra as ditaduras para revelar as marchas das ideias.

80

Entender o caminho da contradição

Combate o bom combate da fé, conquista a vida eterna, para a qual foste chamado quando fizeste a tua bela profissão de fé, diante de muitas testemunhas.

Diante de Deus, que dá a vida a todos os viventes, e do Cristo Jesus que, perante Pôncio Pilatos, deu o seu testemunho fazendo sua bela profissão, eu te ordeno: observa o mandamento com todo o cuidado, irrepreensivelmente, até a manifestação de nosso Senhor Jesus Cristo. Esta manifestação será realizada, a seu tempo, pelo bem-aventurado e único Soberano, o Rei dos reis e Senhor dos senhores, o único que possui a imortalidade, que habita numa luz inacessível, que ninguém viu nem pode ver. A ele, a honra e poder eterno. Amém (1 Timóteo 6,12-16).

Há muito tempo percebi que a contradição ajuda mais que o elogio. Ela encoraja a humildade, sem a qual não se dá um passo no caminho traçado por Nosso Senhor. Precisamos entender a contradição como uma vacina contra o orgulho. Temos que aceitar a calúnia – e principalmente a calúnia à qual não possamos responder – como uma das maneiras de que o Senhor lança mão para nos estimular a ir mais longe e mais fundo nessa busca da pobreza.

Na humildade e na pobreza, só nos restará colocarmo-nos à disposição do Senhor para que, com a inteligência, a sabedoria, a força, a prudência que nos transmitiu com seu Espírito, ele convença os contraditores de seus próprios equívocos e faça com que se calem nossos caluniadores. Como todos vocês bem sabem, o Senhor é sempre capaz das mais surpreendentes maravilhas!

81

Reacender a chama

O amor jamais acabará [...] Agora nós vemos num espelho, confusamente; mas, então, veremos face a face. Agora, conheço apenas em parte, mas, então, conhecerei completamente, como sou conhecido. Atualmente permanecem estas três: a fé, a esperança, o amor. Mas a maior delas é o amor (1 Coríntios 13,8-13).

É tão simples acender velas! Mesmo que o pavio esteja sumido, corta-se um pouco a cera e o pavio fica fácil de ser atingido. Mesmo que o vento sopre forte, há meios de proteger a chama...

Mas como é difícil reacender a fé que se apagou! Como nos sentimos pequenos, incapazes, inábeis! Como podemos medir que só a graça divina pode reacender a fé que sumiu!?...

E se é difícil reacender a fé, o mesmo se diga de reacender a esperança em quem caiu na desesperança e desconfia de tudo e de todos!...

Se é difícil reacender a fé, não é menos difícil reacender o amor, em quem está rolando desamor abaixo.

Deus me tem permitido ver a fé retornar a criaturas retas, desejosas de crer.

Meus queridos amigos! Que vontade, que desejo, que sede de passar pela vida, e, em nome de Deus, sair reacendendo fé, esperança e amor, íntimo de todos aqueles e todas aquelas que se imaginavam sem amor, sem esperança e sem fé!...

82

O Senhor conta conosco

A nós, Deus revelou esse mistério por meio do Espírito. Pois o Espírito sonda tudo, mesmo as profundezas de Deus. Quem dentre as pessoas conhece o que é próprio do ser humano, a não ser o espírito humano que nele está? Assim também, ninguém conhece o que é de Deus, a não ser o Espírito de Deus. Nós não recebemos o Espírito do mundo, mas recebemos o Espírito que vem de Deus, para conhecermos os dons que Deus nos concedeu. Desses dons também falamos, não com palavras ensinadas pela sabedoria humana, mas com palavras ensinadas pelo Espírito, aplicando a realidades espirituais uma linguagem espiritual (1 Coríntios 2,10-13).

Senhor, não eras forçado a criar o mundo, podias saber que dar a vida e a liberdade à criatura humana seria uma aventura cheia de riscos. Tu, o Único, deverias contar com as multidões, divididas e opostas entre si. Tu, o Perfeito, deverias contar com a imperfeição. Tu, o Eterno, deverias contar com a morte. Tu, o Criador, deverias contar com os cocriadores...

Não eras forçado a criar o mundo e os homens, escolhestes, entretanto, criá-los. Ah! Que formidável exemplo de audácia e humildade! Parabéns, Senhor! Obrigado, Senhor! Só tu, para ires tão longe. Vai, Senhor. Vai! E coragem!

83

O clamor do mundo

Ordena aos ricos deste mundo que rejeitem o orgulho e não ponham a sua esperança na riqueza incerta, mas em Deus que nos provê abundantemente de tudo para nosso bom uso. Ordena-lhes, ainda, que façam o bem e se enriqueçam de boas obras, que sejam prontos para dar e generosos. Assim acumularão para si mesmos um valioso tesouro para o futuro, a fim de obterem a vida verdadeira (1 Timóteo 6,17-19).

E o Senhor, em lugar de condenar-te, em lugar de esmagar-te, enviou seu Filho único a este grão de poeira, a terra. Que fizeste da Ásia? Que fizeste da África, campos de fogo e de lágrimas...?

Que fizeste dos dois terços da América Latina, oprimidos e feridos? Que fizeste dos pobres que estão dentro dos países ricos? Que fizeste aos mais pobres dos países pobres? Eles gritam por ti. Tens medo de suas vozes?

84

No meio da noite

Havia naquela região pastores que passavam a noite nos campos, tomando conta do rebanho. Um anjo do Senhor lhes apareceu, e a glória do Senhor os envolveu de luz. Os pastores ficaram com muito medo. O anjo então lhes disse: "Não tenhais medo! Eu vos anuncio uma grande alegria, que será também a de todo o povo: hoje, na cidade de Davi, nasceu para vós o Salvador, que é o Cristo Senhor! E isto vos servirá de sinal: encontrareis um recém-nascido, envolto em faixas e deitado numa manjedoura" (Lucas 2,8-12).

É verdade, Senhor, é meia-noite no mundo. Noite escura... Mas como esquecer que tu, o Filho de Deus, quiseste nascer justamente à meia-noite?

Se tivesses medo das sombras, terias nascido ao meio-dia. Preferiste a meia-noite? Aos teus irmãos de sombra, dizes hoje: refaçamos o mundo, saiamos da noite!

Mas todos nós sabemos muito bem: a noite traz consigo a aurora. Quanto mais escura é a noite, mais brilhante será a aurora. No meio da noite, vimos a sombra abrasar-se. Ouvimos o grito de um recém-nascido. Era o primeiro Natal. E, desde sempre, o Espírito sopra entre os homens no meio da noite.

85

Dizer não à guerra

De onde vêm as guerras? De onde vêm as brigas entre vós? Não vêm, precisamente, das paixões que estão em conflito dentro de vós? Cobiçais, mas não conseguis ter. Matais, fomentais inveja, mas não conseguis êxito. Brigais e fazeis guerra, mas não conseguis possuir. E a razão por que não possuís está em que não pedis. Pedis, sim, mas não recebeis, porque pedis mal. Pois o que pedis, só quereis esbanjá-lo nos vossos prazeres (Tiago 4,1-3).

A não violência não é de forma alguma uma escolha da fraqueza e da passividade. É crer mais na força da verdade, da justiça e do amor do que nas forças das guerras, das armas e do ódio.

A única guerra legítima é aquela que se faz contra o subdesenvolvimento e a miséria.

Eu não gosto muito da expressão "não violência". Prefiro mil vezes a expressão de Roger Schutz: "A violência dos pacíficos".

86

Peregrinos da esperança

Pela fé, ao ser chamado, Abraão obedeceu à ordem de partir para uma terra que devia receber como herança, e partiu, sem saber para onde iria.

Pela fé, ele viveu como migrante na terra prometida, morando em tendas, com Isaac e Jacó, os co-herdeiros da mesma promessa. Pois esperava a cidade de sólidos alicerces que tem Deus mesmo por arquiteto e construtor.

Pela fé, embora Sara fosse estéril e ele mesmo já tivesse passado da idade, Abraão tornou-se capaz de ter descendência, porque considerou fidedigno o autor da promessa. E assim, de um só homem, já marcado pela morte, nasceu a multidão "comparável às estrelas do céu e inumerável como os grãos de areia na praia do mar" (Hebreus 11,8-12).

A exemplo de Abraão, que mesmo sem antes de conhecer a Cristo teve a formidável e fecunda audácia de esperar acima e além de todas as esperanças, por que não teríamos nós a confiança de esperar com firmeza que o Senhor nos dê seu apoio por intermédio de seu Filho e de seu Espírito? A hipótese contrária seria verdadeiramente, incompreensível!

87

Olha, ó Mãe de Deus

No terceiro dia, houve um casamento em Caná da Galileia, e a mãe de Jesus estava lá. Também Jesus e seus discípulos foram convidados para o casamento. Faltando o vinho, a mãe de Jesus lhe disse: "Eles não têm vinho!". Jesus lhe respondeu: "Mulher, para que me dizes isto? A minha hora ainda não chegou". Sua mãe disse aos que estavam servindo: "Fazei tudo o que ele vos disser!" [...] (João 2,1-9).

Mãe, não quero nada, vim apenas te ver. Não leves a mal que eu esqueça os pedidos que me fizeram para eu te fazer. Não é egoísmo, Senhora, e a prova é que não farei também nenhum pedido para mim, nem desejo serenar-me, contemplando teu rosto materno.

Em nome de todos os homens que vivem suplicando, em nome de todos os irmãos que já se aproximam de ti de mãos estendidas, deixa que eu esqueça um momento o vale de lágrimas, a terra das tristezas, nossa miséria de mendigos, nossa pobreza de criaturas, nossa tristeza de pecadores, para saudar-te, Rainha dos Anjos, Virgem Mãe de Deus!

Bendito seja o Criador de tuas mãos sem mancha por onde passa toda luz que tomba sobre a escuridão dos homens! [...]

Bendito seja o Criador de tua sombra suavíssima, pois já notei, Mãe querida, que basta a tua lembrança, o teu perfume para encher a solidão da vida e a solidão do homem. Mãe, não quero nada. Vim apenas te ver.

88

Caminhar sem medo

Naquela hora, alguns fariseus aproximaram-se e disseram a Jesus: "Sai daqui, porque Herodes quer te matar". Ele disse: "Ide dizer a essa raposa: eu expulso demônios e faço curas hoje e amanhã; e no terceiro dia chegarei ao termo. Entretanto, preciso caminhar hoje, amanhã e depois de amanhã, pois convém que um profeta morra fora de Jerusalém" (Lucas 13,31-33).

É possível caminhar sozinho. Mas o bom viajante sabe que a grande caminhada é a vida e esta supõe companheiros. *Companheiro*, etimologicamente, é quem come o mesmo pão.

Feliz de quem se sente em perene caminhada, de quem vê no próximo um eventual e desejável companheiro.

O bom caminheiro preocupa-se com os companheiros desencorajados, sem ânimo, sem esperança... Adivinha o instante em que se acham a um palmo do desespero. Apanha-os onde se encontram. Deixa que desabafem e, com inteligência, com habilidade e, sobretudo, com amor, leva-os a recobrar ânimo e voltar a ter gosto na caminhada.

Marchar por marchar não é ainda verdadeiramente caminhar.

Caminhar é ir em busca de metas, é prever um fim, uma chegada, um desembarque.

89

Acreditar no ser humano

Ora, tudo vem de Deus, que, em Cristo, nos reconciliou consigo e nos confiou o ministério da reconciliação. Sim, foi o próprio Deus que, em Cristo, reconciliou o mundo consigo, não levando em conta os delitos da humanidade, e foi ele que pôs em nós a palavra da reconciliação. Somos, pois, embaixadores de Cristo; é como se Deus mesmo fizesse seu apelo através de nós. Em nome de Cristo, vos suplicamos: reconciliai-vos com Deus. Aquele que não cometeu pecado, Deus o fez pecado por nós, para que nele nos tornemos justiça de Deus (2 Coríntios 5,18-21).

Se não crês no homem, se nele não descobres o cocriador incumbido pelo Pai de dominar a natureza e completar a criação, se desconfias de tudo e de todos, e não tens esperança e te falta amor, cairás na solidão e acabarás escutando apenas o eco da tua própria voz.

90

Presença silenciosa de Mãe

Quando Isabel estava no sexto mês, a anjo Gabriel foi enviado por Deus a uma cidade da Galileia, chamada Nazaré, a uma virgem prometida em casamento a um homem de nome José, da casa de Davi. A virgem se chamava Maria. O anjo entrou onde ela estava e disse: "Alegra-te, cheia de graça! O Senhor está contigo". Ela perturbou-se com estas palavras e começou a pensar qual seria o significado da saudação. O anjo, então, disse: "Não tenhas medo, Maria! Encontraste graça junto a Deus. Conceberás e darás à luz um filho, e lhe porás o nome de Jesus. Ele será grande; será chamado Filho do Altíssimo, e o Senhor Deus lhe dará o trono de Davi, seu pai. Ele reinará para sempre sobre a descendência de Jacó, e o seu reino não terá fim" (Lucas 1,26-33).

Teu pensamento me acompanha como fundo musical que enche o dia. Tua lembrança não me larga como perfume suave que em mim se impregna. Tua presença é tão constante e tão discreta que, por vezes, ó Mãe, ao olhar, de repente, minha própria sombra chego a imaginar que é a tua... Como se tivesse sombra quem é toda luz!

91

Tudo tem vida e santidade

Queira o próprio Deus, nosso Pai, e nosso Senhor Jesus, facilitar o nosso caminho até vós. Quanto a vós, o Senhor vos faça crescer abundantemente no amor de uns para com os outros e para com todos, à semelhança de nosso amor para convosco. Que ele confirme os vossos corações numa santidade irrepreensível, diante de Deus, nosso Pai, por ocasião da vinda de nosso Senhor Jesus Cristo, com todos os seus santos (1 Tessalonicenses 3,11-13).

Há uma prece eucarística que não vacila em proclamar que tudo tem vida e santidade. A luz que desce do alto, a água das fontes, dos rios, os mares; as montanhas, o sol, a lua, as estrelas, saem diretamente das mãos do Criador, e é fácil reconhecer que tenham vida e santidade [...] A cadeira em que nos sentamos, a mesa em que nos apoiamos e escrevemos foram árvores criadas por Deus que receberam também o trabalho do homem, o trabalho cocriador, pois o homem, continuando a criatura, foi elevado por Deus a ser cocriador, encarregado de dominar a natureza e completar a criação [...] Os sapatos foram couro do boi criado por Deus, e couro trabalhado pelo homem. Nossa roupa, nossos livros, nossa caneta, o ônibus que tomamos, as casas que encontramos no caminho, a ponte que atravessamos, tudo, tudo, tem vida e santidade [...] Vida, no sentido de que existe, está ali, os olhos veem, as mãos tocam. Santidade, porque não é demais repetir, ou veio através do cocriador que é o homem ou veio diretamente do Criador e Pai.

92

Abraçar o tempo de Deus

O amor não faz nenhum mal contra o próximo. Portanto, o amor é o cumprimento perfeito da Lei.

Sabeis em que momento estamos: já é hora de despertardes do sono. Agora, a salvação está próxima mais perto de nós do que quando abraçamos a fé. A noite está quase passando, o dia vem chegando: abandonemos as obras das trevas e vistamos as armas da luz (Romanos13,10-13).

Há pessoas que se afligem muitíssimo com os tempos de hoje. Afligem-se com a violência e o ódio que rebentam no mundo inteiro. [...] Afligem-se ouvindo flagrantes de gastos loucos com a fabricação de armas e com o desperdício da sociedade de consumo, tudo levando um pequeno grupo a tornar-se rico, e sempre mais rico, à custa de mais de dois terços da humanidade que mergulham em condição que nem é humana, de miséria e de fome. Não falta quem pense que são sinais claros da proximidade do fim do mundo, sobretudo levando em conta a audácia com que o homem anda invadindo áreas privativas de Deus, como as viagens espaciais e o céu se enchendo de satélites, pesquisadores e espiões [...] Os que temos a felicidade de crer em Deus, Criador e Pai; os que sabemos que não existe acaso, mas amorável Providência Divina, nem podemos vacilar: temos que preferir de verdade, de todo o coração, viver no tempo e no lugar que Deus escolheu para nós. Temos que abraçar o tempo e o lugar em que Deus nos permite viver e trabalhar.

93

Olhares diversos

Depois de comerem, Jesus perguntou a Simão Pedro: "Simão, filho de João, tu me amas mais do que estes?". Pedro respondeu: "Sim, Senhor, tu sabes que te amo". [...] Pela terceira vez, perguntou a Pedro: "Simão, filho de João, tu me amas?". Pedro ficou triste, porque lhe perguntou pela terceira vez se o amava. E respondeu: "Senhor, tu sabes tudo; tu sabes que te amo". (João 21,15-17).

Quando, depois de dez ou quinze dias de chuva, começa uma estiagem que passa de uma semana, de duas, o nordestino olha o céu... Olhar de inquietação, mas ainda de esperança e até de prece! E quando o céu está nublado, escuro, ameaçando chuva, quem é do Sul é capaz de achar o tempo feio: o nordestino acha o tempo bonito, porque sabe que vai trazer a esperada chuva...

Quando uma mãe se vê diante do primeiro sorriso do filhinho, o olhar que lhe lança é quase um canto de alegria, de felicidade e de ação de graças...

Quando, na rodoviária, a esposa vê o marido seguir no ônibus para São Paulo, o olhar é de despedida e de prece para que tudo lhe corra bem e para que ele, como tantos desejam, encontre um emprego que permita, o quanto antes, mandar buscar a família [...]

O olhar de Pedro quando, pela terceira vez, Jesus lhe perguntou se ele o amava, foi de tristeza, porque o Mestre parecia duvidar de seu amor, mas foi também de quem pede socorro, reconhecendo a própria fraqueza e crendo profundamente que Jesus podia, com a maior felicidade, reforçar seu amor...

94

Madrugadas que nos despertam

Naqueles dias, Jesus foi à montanha para orar. Passou a noite toda em oração a Deus. Ao amanhecer, chamou os discípulos e escolheu doze entre eles, aos quais deu o nome de apóstolos (Lucas 6,12).

Tão escuro ainda! E as horas se arrastando... Não haverá perigo de a noite emendar com a noite? Galos todos, que despertai a aurora, cantai! Mais alto ainda! É terrível quando a própria madrugada não desperta e não nos desperta! [...]

O galo desperta, fielmente, a tempo de acordar a madrugada. E ele saúda os primeiros clarões da aurora. Seu canto se torna alegre, mais cheio à proporção que o céu já incendeia de luz. Quando o próprio sol principia a surgir, o galo se sente feliz: foi fiel, cumpriu a sua missão!

Os despertadores de consciências, os despertadores de criaturas humanas, de grupos, de povos costumam ser fiéis como os galos?

E são felizes como os galos em sua missão de despertadores?...

Quando se trata de despertar consciências e corações humanos, os despertadores humanos, conseguimos no máximo dizer a palavra exata e exprimi-la de modo hábil e convincente...

Atingir o íntimo, obter a conversão escapa de todo ao nosso poder humano: é trabalho privativo do Espírito Santo. Já é hora de preparar os caminhos para a ação final do Espírito de Deus.

95

A música da vida

"Com quem, então vou comparar as pessoas desta geração? Com quem são parecidas? São parecidas com crianças sentadas nas praças, que gritam umas para as outras: 'Tocamos flauta para vós e não dançastes! Entoamos cantos de luto e não chorastes!'" (Lucas 7,31-32).

Quando vejo gravuras com pastores, cercados de carneiros e de ovelhas, tocando uma flautinha e, sobretudo, quando umas três ou quatro vezes encontrei pastores de verdade, com seus rebanhos e sempre tocando sua flauta, vem-me, sempre, o mesmo desejo: ser uma flautinha cheia com o sopro de desejo.

Bem sei que Deus nos fez criaturas humanas dotadas de inteligência e de liberdade, dons divinos. Nossa inteligência e participação no poder criador do Pai. Mas quantas vezes na vida tentamos ver e não vemos. Tentamos ver claro; é tudo tão escuro!

Quantas vezes a gente está na convicção de estar vivendo o Evangelho, de estar seguindo o Vaticano II, Medellín e Puebla. E pessoas, de cuja sinceridade não podemos duvidar, acham que estamos comprometendo a Igreja de Cristo e levando cristãos sinceros a não saber mais como caminhar, devido às confusões em que nós caminhamos...

Em instantes assim, desejo ser tanto flauta que o sopro divino enchesse, de modo que me deixasse seguro de que a canção tocada, longe de ser criação minha, fosse mensagem direta de Deus!

96

Revestir-se da beleza de Deus

"Vede, eu vos envio como ovelhas para o meio de lobos. [...] Cuidado com as pessoas, pois vos entregarão aos tribunais e vos açoitarão nas suas sinagogas. Por minha causa, sereis levados diante de governadores e reis, de modo que dareis testemunho diante deles e diante dos pagãos. [...] Naquele momento vos será dado o que falar, pois não sereis vós que falareis, mas o Espírito de vosso Pai falará em vós" (Mateus 10,16-20).

Uma prece do querido São Francisco, oração bem menos conhecida, mas não menos bela e oportuna: "Senhor! No silêncio deste dia que amanhece, venho pedir-te saúde, força, paz e sabedoria! Quero, hoje, olhar o mundo com os olhos cheios de amor. Quero ser paciente, compassivo, manso e prudente. Ver teus filhos, além das aparências, como tu mesmo os vês e assim não ver senão o bem em cada um... Cura meus ouvidos de toda calúnia. Guarda minha língua de toda maldade. Que só de bênçãos se encha o meu espírito. Que eu seja tão bom e alegre que todos quantos se achegarem a mim sintam a tua presença. Reveste-me de tua beleza e que, no decurso deste dia, eu te revele a todos! Amém!".

Gosto de ver o santo pedir "saúde e força", mas logo completar com "paz e sabedoria".

Como é oportuno pedir para contemplar o mundo com os olhos cheios de amor! Há gente olhando o mundo com olhos inflamados de ódio e de sede de violência.

97

Prece confiante

Um dia, Jesus estava orando num certo lugar. Quando terminou, um de seus discípulos pediu-lhe: "Senhor, ensina-nos a orar, como também João ensinou a seus discípulos". Ele respondeu: "Quando orardes, dizei: Pai, santificado seja teu nome; venha o teu Reino; dá-nos, a cada dia, o pão cotidiano, e perdoa-nos os nossos pecados, pois nós também perdoamos a todo aquele que nos deve; e não nos introduzas em tentação" (Lucas 11,1-4).

O Pai Celeste é tão simples, tão amigo, tão Pai, que podemos falar com ele na maior intimidade. Garanto, por exemplo, que ele acha uma delícia uma prece confiante como esta: "Pai, debruça-te sobre a terra e aspira o perfume de milhões de flores, que se abrem sobre o chão dos homens... Escuta o trinado de milhões e milhões de pássaros que, tenho certeza, alegrariam o próprio céu! Escuta o pulsar de milhões e milhões de corações humanos, marcados pela fraqueza, mas não propriamente pela maldade. 'Não sabem o que fazem', diz o teu Filho e nosso irmão Jesus Cristo. Basta isto para que ainda mais se acentue tua predileção pelo grão de areia que é a terra, onde entre milhões e milhões de mundos teu Filho amado se fez nosso irmão!".

Seria facílimo prolongar esta prece, invocando novas razões para que o Pai tenha predileção especialíssima pela terra minúscula, nada fácil de ser descoberta entre milhões e milhões de astros, num balé magnífico, pelo espaço afora...

98

Louvor aos meios de comunicação

Haja entre vós o mesmo sentir e pensar que no Cristo Jesus. Ele, existindo em forma divina, não se apegou ao ser igual a Deus, mas despojou-se, assumindo a forma de escravo e tornando-se semelhante ao ser humano. [...] Deus o exaltou acima de tudo e lhe deu o Nome que está acima de todo nome, para que, em o Nome de Jesus, todo joelho se dobre no céu, na terra e abaixo da terra, e toda língua confesse: "Jesus Cristo é o Senhor", para a glória de Deus Pai (Filipenses 2,5-11).

São Francisco de Assis deixou-nos um Cântico das Criaturas, que vem atravessando os séculos e jamais envelhecerá...

Acontece, porém, que, nos nossos tempos, tem havido descobertas espantosas, sobretudo no mundo dos meios de comunicação social.

Padre Tiago Alberione, fundador da Família Paulina, cantou um novo Cântico das Criaturas, no qual louva o Criador e Pai, de modo especial, pelos instrumentos de comunicação social. Ele diz: "Vivemos na chamada 'civilização da imagem' – uma civilização que se comunica, principalmente, pela imagem e pelo som... [...] Louvamos a Deus por sua obra criadora. Por que não lhe agradecer e louvá-lo por ter feito o homem à sua imagem e semelhança, por tê-lo feito cocriador?". E anuncia: "Estamos aqui para cantar o nosso louvor a Deus pelo dom dos meios de comunicação social e para tomar, diante deles, uma atitude evangélica consciente e ativa".

99

Aprender a não destruir

"Grandes e admiráveis são as tuas obras, Senhor Deus, Todo-Poderoso! Justos e verdadeiros são os teus caminhos, ó Rei das nações! Quem não temeria, Senhor, e não glorificaria o teu nome? Só tu és santo! Todas as nações virão prostrar-se diante de ti, porque tuas justas decisões se tornaram manifestas" (Apocalipse 15,3-4).

Em nossos tempos de tanta poluição e em que a natureza é tão pisada, tão aviltada, tão roubada, cabe, de cheio, esta meditação: "Homem, meu irmão! O Senhor Deus nos fez participar de sua inteligência divina e de seu poder criador... Ele teve a humildade e a audácia de encarregar-nos de dominar a natureza e completar a Criação. Será, então, que temos o direito de poluir a natureza e de destruí-la desperdiçando matérias-primas não raro não renováveis? Homem, meu irmão, é urgente aprendermos com o Senhor Deus a criar, e a não destruir... A destruição não é digna do Criador e é absurda no cocriador!".

Quem já viu caldas venenosas jogadas no rio, a ponto de as águas se tornarem envenenadas e saírem matando peixes grandes e pequenos e tudo o que é vida que se move na correnteza? Os pescadores se enchem de tristeza e de revolta.

O pescador acha que pescar o peixe e transformá-lo em alimento está na linha do que Deus previu para o peixe... o peixe aceita e até se alegra de gastar sua vida sendo útil.

100

Um pacto com a alegria

Alegrai-vos sempre no Senhor! Repito, alegrai-vos! Seja a vossa amabilidade conhecida de todos! [...] Não vos preocupeis com coisa alguma, mas, em toda ocasião, apresentai a Deus os vossos pedidos, em orações e súplicas, acompanhadas de ação de graças (Filipenses 4,4-6).

Tenho gosto em confessar que tenho um pacto de alegria, que renovo quatro vezes ao ano. Por que pacto de alegria? Porque, para passar a vida servindo os irmãos, cara amarrada é um desastre. Criatura resmungona, pessimista, grosseira é uma péssima propaganda para a fé... E não é fácil salvar a alegria, quando há muito sofrimento e muita injustiça em volta.

Como sei que lutar contra a tristeza não é nada fácil, aproveito o terceiro domingo do Advento, o domingo de alegria, para fazer meu pacto de alegria. Digo assim: "Pai! É tão importante para o apostolado a verdadeira alegria, que pode existir juntamente com sofrimentos; é tão importante para o apostolado a alegria que nasce da paz interior, da união convosco, da confiança plena na vossa bondade e na vossa misericórdia que eu prometi, confiante na nossa graça, lutar contra a tristeza, filha do amor-próprio ferido ou da falta de confiança em vós". [...]

Já pararam para meditar sobre a importância da alegria e sobre o perigo da tristeza? Se aderir à ideia do pacto de alegria, nem perca tempo de pedir-me as palavras do meu pacto. Use palavras suas.

Cronologia da vida de
Dom Helder Camara

1909   No dia 7 de fevereiro, nasce Helder Pessoa Camara, na cidade Fortaleza (CE). O décimo primeiro filho do jornalista e crítico teatral e da professora primária Adelaide Pessoa Camara. Recebe o batismo no dia 31 de março.

1917   Recebe pela primeira vez a comunhão.

1923   Entra no seminário de Fortaleza, o Seminário de São José da Prainha, realizando nessa instituição o curso ginasial e os cursos de Filosofia e Teologia.

1931   Ordenado padre no dia 15 de agosto, na solenidade litúrgica de Nossa Senhora da Assunção, aos 22 anos, tendo a autorização da Santa Sé, pois não possuía a idade canônica requerida para receber a ordenação sacerdotal.

1933   Cria a sindicalização Operária Católica, reunindo lavadeiras, passadeiras e empregadas domésticas, na reivindicação de seus direitos trabalhistas. Neste mesmo período atua na área da Educação, sendo nomeado diretor do Departamento de Educação do Ceará.

1936   Transferido para a Arquidiocese do Rio de Janeiro, então capital da República. Nesta cidade desenvolve um longo trabalho pastoral e social na defesa sempre das minorias.

1950   Com o apoio de Monsenhor Giovanni Batista Montini (futuro Paulo VI), então Subsecretário de Estado do Vaticano, apresenta a proposta de criação da Conferência dos Bispos do Brasil, no desejo de trabalhar a colegialidade entre os bispos.

1952 Nomeado, no dia 3 março, bispo auxiliar da Arquidiocese do Rio de Janeiro e titular de Salde, pelo Papa Pio XII, escolhe como lema episcopal *"In manus tuas"* (em tuas mãos). Aos 43 anos de idade, no dia 20 de abril, recebe a ordenação episcopal das mãos de Dom Jaime Barros Câmara, Dom Rosalvo Costa Rego e Dom Jorge Marcos de Oliveira.

1952 Consegue a aprovação da criação da CNBB (Conferência Nacional dos Bispos do Brasil), cuja sede primeira foi o palácio arquiepiscopal São Joaquim do Rio de Janeiro. Nesta instituição exerce o serviço de secretário-geral.

1953 Organizador e secretário-geral do XXVI Congresso Eucarístico Internacional.

1955 Logo após o Congresso Eucarístico Internacional, inicia com um grupo de bispos a criação e organização do Conselho Episcopal Latino-Americano (CELAM), com sede em Bogotá. No CELAM exerce os cargos de presidente e vice-presidente.

1956 Organiza, como secretário-geral da CNBB, o Primeiro Encontro dos Bispos do Nordeste, cuja SUDENE (Superintendência de Desenvolvimento do Nordeste) é fruto deste encontro.

1962 Tendo início, no dia 11 de outubro, o Concílio Ecumênico Vaticano II, participa intensamente das quatro sessões, até a conclusão no dia 8 de dezembro de 1965.

1964 No dia 12 de março é nomeado arcebispo de Olinda e Recife, pelo Papa Paulo VI, tomando posse no dia 12 de abril. Exerce nesta arquidiocese sua missão de pastor, instituindo um governo colegiado nesta Igreja local. Cria o Movimento Encontro de Irmãos, o Banco da Providência e a Comissão de Justiça e Paz. Fortalece e dá incentivo às CEB's (Comunidades Eclesiais de Base).

1965 No dia 16 de novembro, juntamente com cerca de quarenta padres conciliares, depois de celebrarem a Eucaristia nas Catacumbas de Santa Domitila, em Roma, assina o Pacto das Catacumbas, da qual ele foi um grande incentivador. Esse pacto constitui um verdadeiro convite aos bispos viverem uma vida mais simples, na identificação junto aos mais pobres.

1968 Instala o Instituto de Teologia do Recife (ITER). Desejando viver uma vida mais simples e próxima do povo, deixa o Palácio Arquidiocesano dos Manguinhos, passando a residir na sacristia da Igreja das Fronteiras.

1980 Visita do Papa João Paulo II a Recife, sendo carinhosamente saudado por ele com a honrosa frase: "Dom Helder, irmão dos pobres e meu irmão".

1984 Ao completar o tempo canônico do exercício do ministério episcopal, no dia 7 fevereiro, apresenta ao Papa João Paulo II sua carta de renúncia.

1985 No dia 15 de julho, com a posse do novo arcebispo, torna-se arcebispo emérito da Arquidiocese de Olinda e Recife, continuando a residir na Igreja das Fronteiras.

1999   Cumpre o seu lema episcopal "*In manus tua*", realizando sua Páscoa definitiva nas mãos do Pai, no dia 27 de agosto, aos 90 anos, na Igreja das Fronteiras, sendo sepultado na Catedral da Sé de Olinda. O "Dom da Paz" é acolhido na Paz de Cristo.

2014   No dia 27 de maio, o arcebispo de Olinda e Recife, Dom Fernando Saburido, apresenta o envio do pedido à Congregação para a Causa dos Santos no Vaticano, solicitando a abertura do processo de beatificação e canonização de Dom Helder.

2015   Com parecer favorável da Congregação para a Causa dos Santos, em carta emitida no dia 16 de fevereiro, recebe o título de Servo de Deus. No dia 7 de maio, na Catedral Santíssimo Salvador, em Olinda, tem início a abertura da fase diocesana do processo de canonização e beatificação de Dom Helder Camara.

Referências bibliográficas

CAMARA, H. *O deserto é fértil*: roteiro para as minorias abraâmicas. Rio de Janeiro: Civilização Brasileira, 1971 (5. ed. 1976).

_____. *Mil razões para viver*: meditações do Padre José. Rio de Janeiro: Civilização Brasileira, 1978 (9. ed. 2002).

_____. *Nossa Senhora em meu caminho*: meditações do Padre José. 4. ed. São Paulo: Paulus, 1986.

_____. *Em tuas mãos Senhor!* São Paulo: Paulus, 1986a.

_____. *Quem não precisa de conversão?* São Paulo: Paulinas, 1987.

_____. *Indagações sobre uma vida melhor*. 3. ed. Rio de Janeiro: Civilização Brasileira, 1993.

_____. *Deus nos tempos de hoje e na vida de cada dia* [CD-ROM]. São Paulo: Paulinas-Comep, 1994.

_____. *Rosas para meu Deus*. São Paulo: Paulinas, 1996 (3. ed. 2000).

_____. *Família*: missão de amor. São Paulo: Paulinas, 1997 (3. ed. 2003).

_____. *Vaticano II:* circulares interconciliares. Org. Zildo Rocha. v. II/ tomo III: 1965. Recife: IDHeC/Editora Universitária – UFPE, 2009.

_____. *Um olhar sobre a cidade*: olhar atento, de esperança, de prece. São Paulo: Paulus, 2012.

BARROS, Marcelo. *Dom Helder Camara, profeta para os nossos dias*. São Paulo: Paulus, 2011.

BROUCKER, José de. *As noites de um profeta*: Dom Helder Camara no Concílio Vaticano II. São Paulo, Paulus, 2008.

CASTRO, Marcos de. *Dom Helder, o bispo da esperança*. Rio de Janeiro: Graal, 1978.

CONDINI, Martinho. *Dom Helder Camara, um modelo de esperança*. São Paulo: Paulus, 2008.

FERRARINI, Sebastião Antonio. *A imprensa e o arcebispo vermelho*. São Paulo: Paulinas, 1992.

PILLETI, Nelson; PRAXEDES, Valter. *Dom Helder Camara, o profeta da paz*. 2. ed. São Paulo: Contexto, 2008.

RAMPON, Ivani Antonio. *O caminho espiritual de Dom Helder Camara*. São Paulo: Paulinas, 2013.

_____. *Paulo VI e Dom Helder Camara, exemplo de uma amizade espiritual*. São Paulo: Paulinas, 2014.

_____. *Francisco e Helder, sintonia espiritual*. São Paulo: Paulinas, 2016.

ROCHA, Zildo (org.). *Helder, o Dom*: uma vida que marcou os rumos da Igreja no Brasil. Petrópolis: Vozes, 1999 (3. ed. 2000).

SANTANGELO, Enzo. *Helder Camara*: a voz dos que não têm voz. São Paulo: Loyola, 1983.

TEM KATHEN, Nelson Roque. *Uma vida para os pobres:* espiritualidade de Dom Helder Camara. São Paulo: Loyola, 1991.

Sumário

Introdução 5
1. O caminho da confiança 8
2. Construir a paz 9
3. O Dom dos pobres 10
4. Uma vocação feito serviço 11
5. Força em meio à fraqueza 12
6. Uma comunhão universal 13
7. A beleza das flores 14
8. Caminho de interioridade 15
9. Fazer a vontade de Deus 16
10. Uma prece feito música e dança 17
11. Inspirados pela missa 18
12. Nas mãos de Deus 19
13. O louvor das rosas ao Criador 20
14. Escutar o silêncio 21
15. Minha vida oferecida 22
16. Esperança na criatura humana 23
17. Um grito pelo humano 24
18. Em busca da verdadeira paz 25
19. Na escola dos pobres 26
20. O rosto desfigurado de Cristo 27
21. Banquete dos pobres 28
22. A força da não violência 29
23. Um mundo para todos 30
24. Educar para a mansidão e a paz 31
25. Sonhar em mutirão 32

26. A prática evangélica...33
27. Mergulharmos em Deus.. 34
28. Por uma Igreja mais humana...35
29. Jesus, a porta por onde a Igreja passa................................ 36
30. Acreditar na força da juventude..37
31. Uma Igreja servidora 38
32. Amados pelo mesmo Deus...39
33. Nos braços do Pai.. 40
34. Embarcar na aventura de Deus..41
35. Viver a unidade com Cristo... 42
36. Sede de beleza.. 43
37. Deus se esconde em cada um de nós................................. 44
38. A comunhão universal na Eucaristia 45
39. O mistério do viver e morrer 46
40. Mãe de todas as raças e de todos os povos 47
41. O ofertório 48
42. A consagração..49
43. Na escuta do teu silêncio...50
44. O ser humano participante da vida divina......................51
45. A calamidade do egoísmo..52
46. O mistério do sofrimento humano 53
47. Conselhos para o Pai 54
48. A Mãe do Divino Amor..55
49. Feitos para sermos peregrinos 56
50. A esperança dos que não creem 57
51. O sopro do Espírito em todas as direções 58
52. A graça de partir, caminhar...59
53. A descoberta do essencial.. 60
54. Tornarem-se testemunhas com a vida...............................61

55. Libertadores do mundo	62
56. À Virgem do segredo	63
57. Na comunhão com Pedro	64
58. Ser tocados pelo mistério	65
59. A Mãe consoladora dos aflitos	66
60. Meu anjo, José	67
61. Compromisso dos leigos no engajamento político	68
62. À Mãe das dores	69
63. Força e fraqueza em tua Igreja	70
64. O poder revolucionário do amor	71
65. Acolher o Cristo	72
66. Oferecer esperança	73
67. O progresso a serviço da vida	74
68. Ouvir os passos inquietos	75
69. A vitória da justiça	76
70. Aproximar a humanidade do essencial	77
71. O grito de compaixão	78
72. Dar de comer aos pobres	79
73. Discernimento	80
74. A beleza do sacerdócio	81
75. Andar dentro de Deus	82
76. Entender a fraqueza humana	83
77. O mérito do Pai	84
78. Tudo vira comunhão	85
79. Não temer a utopia	86
80. Entender o caminho da contradição	87
81. Reacender a chama	88
82. O Senhor conta conosco	89
83. O clamor do mundo	90

84.	No meio da noite	91
85.	Dizer não à guerra	92
86.	Peregrinos da esperança	93
87.	Olha, ó Mãe de Deus	94
88.	Caminhar sem medo	95
89.	Acreditar no ser humano	96
90.	Presença silenciosa de Mãe	97
91.	Tudo tem vida e santidade	98
92.	Abraçar o tempo de Deus	99
93.	Olhares diversos	100
94.	Madrugadas que nos despertam	101
95.	A música da vida	102
96.	Revestir-se da beleza de Deus	103
97.	Prece confiante	104
98.	Louvor aos meios de comunicação	105
99.	Aprender a não destruir	106
100.	Um pacto com a alegria	107

Cronologia da vida de Dom Helder Camara 109

Referências bibliográficas 113

Rua Dona Inácia Uchoa, 62
04110-020 – São Paulo – SP (Brasil)
Tel.: (11) 2125-3500
http://www.paulinas.com.br – editora@paulinas.com.br
Telemarketing e SAC: 0800-7010081